新发展理念下中国房地产行业转型之路

王旭琰 ◎ 著

The Transformation of China's Real Estate Industry Under the New Development Concept

中国经济出版社
CHINA ECONOMIC PUBLISHING HOUSE
北京

图书在版编目（CIP）数据

新发展理念下中国房地产行业转型之路 / 王旭琰著
. -- 北京：中国经济出版社，2024.1
ISBN 978-7-5136-7309-9

Ⅰ. ①新… Ⅱ. ①王… Ⅲ. ①房地产业-经济发展-研究-中国 Ⅳ. ① F299.233

中国国家版本馆 CIP 数据核字（2023）第 080972 号

责任编辑　赵静宜
责任印制　马小宾
封面设计　久品轩

出版发行　中国经济出版社
印　刷　者　北京富泰印刷有限责任公司
经　销　者　各地新华书店
开　　　本　710mm×1000mm　1/16
印　　　张　10
字　　　数　123 千字
版　　　次　2024 年 1 月第 1 版
印　　　次　2024 年 1 月第 1 次
定　　　价　78.00 元
广告经营许可证　京西工商广字第 8179 号

中国经济出版社　网址 www.economyph.com　社址 北京市东城区安定门外大街 58 号　邮编 100011
本版图书如存在印装质量问题，请与本社销售中心联系调换（联系电话：010-57512564）

版权所有　盗版必究（举报电话：010-57512600）
国家版权局反盗版举报中心（举报电话：12390）　　服务热线：010-57512564

前言

过去三十年，我们赋予了房地产太多的意义，房地产发展也带给我们太多的争议。房地产是一个让我们爱恨交织的产业。

对老百姓而言，房地产行业为千家万户生产了"家"。让我们头顶有片瓦遮身，有四壁挡风，有明亮的灯光，有诱人的饭菜，有家人陪伴，有儿女绕膝。对中国人而言，只有有了那处住所，才算真正有了家。但是看着越涨越高的房价，一线城市的年轻人添了一丝惆怅：这满地高楼，为何没有一处是我家！

对老百姓而言，房地产也是家庭财富的载体。过去三十年，中国老百姓生活富足了，手里有钱了，财富积累往哪去？必然是房地产。从小平房、筒子楼，到一居、小两居，再到三居、大平层，甚至别墅；从城市郊区到繁华地段，再到有格调的轻奢小区；从一套房到两套、三套房，再到多套房。房地产长期是大多数人心目中最可靠的财富形式。然而，2022年我国人口正式进入负增长时代，家庭结构成了"421"的倒金字塔形，这些房产真的是可以一直传承的家庭财富吗？

在经济学家眼中，房地产是我国经济重要的组成部分，约占经济总量的7%，关联产业50多个，又间接贡献经济增长10%左右。房地产兴，则经济兴。然而，房地产繁荣又占用太多资源，挤占制造业发展空间。曾经经营制造业的悄悄转行做房地产，他们悲叹，辛辛苦苦做一年制造业还不如在北京倒卖一套房挣得多。然而，无论房地产如何繁荣，也不能代替制造业支撑起中华民族伟大复兴的百年奋斗目标！

在经济学家眼中，房地产也是金融领域的大象。房地产企业更像金融公司，不断扩大自己的信用，沿着产业链向上下游扩张信用，在资本市场上更是通过多种金融产品扩张信用。商业银行不仅在供给端放贷给开发商，还在需求端贷款给购房人，导致某些年份四大商业银行新增贷款百分之七八十在房地产行业。甚至地方政府也参与了地产金融游戏，以土地为抵押扩大信用，以至于地方政府债务成了我国金融体系里最大的"雷"。因此，有人说"十次危机，九次地产"，房地产生病，整个金融系统都得住院。

在政府看来，房地产不仅关系经济增长，也关系民生和社会稳定。在一定的历史时期内，政府将住房作为社会福利按需提供给城市居民，奈何这是个巨大的工程，政府入不敷出，住房也供不应求。20世纪八九十年代，政府各种尝试欲将房地产改革为能够自我造血的产业。1998年，政府把房地产定位为"新的经济增长点"；2003年，又将房地产定位成"国民经济支柱产业"，正是房地产投资的高速增长把中国经济从1998年东南亚金融危机和2008年全球金融危机的边缘拉升起来。然而2017年党的十九大以来，"房住不炒"成了我国房地产业的基本原则，民生与稳定再次成为房地产发展的根本考量。

千人千面房地产。这本书就是要告诉你，百姓眼中、经济学家眼中和政府眼中房地产的众多功能是如何历史地联系起来的，这种联系又如何让当下房地产业的发展变得错综复杂；以及在未来的改革中，我们又该如何秉持新发展理念，将房地产的各种附加功能置于合适的界限内，使它们各得其所。

目录
Directory

第一章 我国房地产发展历程 / 001

一、1978年以前：福利分房和住房紧缺年代 / 004

二、1978—1998年：改革逻辑下的房地产 / 006

三、1998—2016年：发展逻辑下的房地产 / 012

四、2016年以来：稳定逻辑下的房地产 / 020

第二章 我国房地产利益相关方和基本运行机制 / 029

一、中央政府的政策逻辑 / 032

二、地方政府的土地财政 / 034

三、房地产公司高度金融化：以恒大为例 / 037

四、购房者的房产"投资" / 043

五、我国房地产发展的支点：疯狂上涨的房价 / 050

第三章 中国房地产业面临全面转型 / 055

一、供需关系视角：我国房地产基本发展逻辑已改变 / 057

二、经济转型视角：房地产与新时代国家发展目标相悖 / 066

三、新发展理念指导模式转型 / 073

第四章　房地产发展的国际经验 / 077

　　一、房地产的定位决定房地产政策 / 080

　　二、有限的土地供应并不必然导致高房价 / 091

　　三、人口负增长引起的房地产发展动向 / 099

第五章　从三个维度看中国房地产未来发展趋势 / 107

　　一、塑造健康的产业生态：政策规范化改革 / 109

　　二、推进产业转型：从开发建设转向社区服务 / 128

　　三、面向未来：高流动性社会的住房共享经济 / 138

参考文献 / 150

Chapter 1

第一章
我国房地产发展历程

在老百姓眼中，房子既是遮风避雨的家的载体，又是家庭财富积累的主要形式；在经济学家眼中，房地产既是实体经济的支柱产业，又催生出金融领域的最大泡沫；在政府眼中，房地产既是国家的有形资产，又是宏观经济的调控手段。我国房地产的复杂功能融合在它的发展历程中，正是在历史中形成了我们现在看到的它的千人千面的状态。

改革开放以前，我国在计划经济体制下形成的住房分配制度和普遍紧缺的居住条件，是房地产业发展的史前史，这决定了改革开放后房地产的发展任务：一是改革制度，理顺产业内各方关系，形成良性的经济循环；二是增加住房供给，提高人民生活水平。然而，这两大任务在不同发展阶段政策中的地位存在主次之分，二者发展的不均衡也在改革中不断形成新的问题，正是在"解决问题—产生新问题—解决新问题"的过程中，房地产形成了它当下独特的产业形态，也只有在这个进程中，我们才能把握它的未来形态。我国房地产发展历程如图1-1所示。

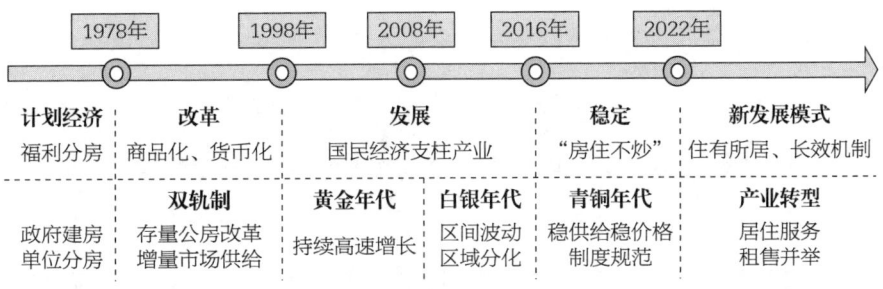

图1-1 中国房地产发展历程

一、1978 年以前：福利分房和住房紧缺年代

在计划经济时代，我国有住房问题，但无房地产业。这是因为国家对住房的定位是公共福利，或者说是公共服务，由国家近乎免费地为城镇居民统一供应。城镇居民则通过"单位"获得国家工人或干部身份，也通过单位获取住房这一基本生活保障。单位的福利分房是计划经济时代城镇居民获取住房的唯一途径。

福利分房制度下，政府（包括地方政府）作为公有住房建设主体，建设资金在年度固定资产投资基金中统一安排，建成的公有住房由地方政府或企事业单位按职工的职级和家庭人口数量进行统一分配，公有住房由地方主管部门（房管所）和企事业单位实施行政管理。"等国家建房，等单位分房"是那个年代城镇人民的集体记忆。

在这一制度下，政府是住房福利供给的单一主体，住房建设资金相应地也由中央与地方两级财政负担，被作为一种非生产性投资附列在政府的年度固定资产投资基金中统一安排。这种资金运作方式导致两个问题：一是住房作为福利由政府提供时，有些单位完全不收费，有些单位只象征性收取少量租金，政府每年还要支出大量资金用于补贴住房维修和管理。也就是说，住房建设资金运作是单一方向的，政府和单位只有资金支出，没有资金回收。虽然同期如粮、布等基本消费品，也凭票限量供应，但居民需要支出部分现金进行随票购买，而相对高成本和近乎零收益的住房投资使得政府和单位的支出压力巨大，因此政府在经济上缺乏增加住房建设的直接动力。二是住房建设投资占基本建设投资的比重长期处于极低的水平。住房建设资金由于未单独设立资金渠道，在强调"先生产后生活""高积累低消费"的年代经常被其他建设投资挤占，导致住房建设投资占基本建设投资的比重难以提升。

"一五"（1953—1957 年）时期，国家用于住房建设投资为 53.79 亿元，占全国基本建设投资的 8.8%；"二五"（1958—1962 年）时期，住房建设投资占基本建设投资比例下降至 4.11%；"三五"（1966—1970 年）、"四五"（1971—1975 年）和"五五"前三年（1976—1978 年），住房建设投资占基本建设投资的比重分别为 4.03%、5.71% 和 6.8%。① 这造成改革开放初期全国职工人均住房面积只有 3.6 平方米，比 1952 年的水平还低。据对 182 个城市的调查，缺房户 689 万户，占城市总户数的 35.8%，其中 131 万户长期住在仓库、走廊、车间、教室、办公室、地下室，甚至厕所。居住面积不足 2 平方米的有 86 万户；三代同堂、父母同长大的子女同室、两户以上职工同屋的有 189 万户；住在破烂危险、条件恶劣的简陋房子里的还有上百万户。②

除了从经济角度考量外，福利分房制度也带来一个计划经济时代常见的通病：分配住房由单位统一管理，实际权力往往集中在少数领导手中，这极易产生各种寻租和腐败行为。

计划经济时代，城市居民住房作为国家福利进行建设和管理，形成了制度性问题：一是建房资金不能自我循环，住房建设投资和维护成为国家财政的沉重负担；二是住房建设远不能满足城市经济发展和城市人口增长的需要；三是行政分配，产生寻租和腐败行为。对这几个住房问题的解决正是改革开放后房地产改革的发展方向。

---

① 凤凰历史频道：《重读毛泽东时代：住房篇》，https://news.ifeng.com/history/zhongguoxiandaishi/special/maozedongshidaizhufang/。
② 调查数据转引自萧冬连：《筚路维艰：中国社会主义路径的五次选择》，社会科学文献出版社，2014 年版。

二、1978—1998 年：改革逻辑下的房地产

中国房地产起步是以改革的逻辑进行的。改革开放以前，中国实行福利分房制度，1978—1998 年，中国住房制度都是在探索从计划经济向市场经济过渡，对传统的福利分房制度进行变革，以建立起符合市场经济体制的住房制度，继而实现住房的商品化和社会化。这一阶段中国房地产市场的发展更多地表现为对土地、资金、价格等相关制度的探索，逐渐使房地产从政府投资、建设和补贴的福利部门转变为一个独立运行的经济行业。

（一）房地产市场化改革

1978 年人均居住面积是 3.6 平方米，住房改革的呼声很大。国家开始着手房地产业改革的准备工作。理论界开始提出住房商品化、土地产权等观点，探讨中国房地产改革的方向。同年，中国第一家房地产企业中原地产成立。随着改革开放全面铺开，房地产也开始进入决策层的视野。1978 年，邓小平首次提出，允许私人建房。1980 年 6 月，中共中央、国务院批转《全国基本建设工作会议汇报提纲》，该文明确指出"准许私人建房、私人买房，准许私人拥有自己的住房"。这相当于承认住房成为商品，可以买卖和私人占有，正式开启了住房商品化改革。当年 9 月，北京市率先成立北京城市开发总公司，随后 100 余个城市的房管部门组建了房地产公司，"国家队"成了中国最早一批房地产企业，这也拉开了房地产综合开发的序幕。

住房允许买卖之后，如何售卖就成为探索重点。1979—1985 年房地产改革政策的重点是试售住房。先是 1979—1982 年试行全价售房，也就是按照住房建筑成本全价向居民售卖，但受居民收入所限售房成绩很不理想，因此 1982 年转向补贴售房。当年 4 月，国家城市建设总局发布了《关于城市

出售住房试点工作座谈会情况的报告》，开始局部实施住房补贴，鼓励职工自主买房。当年经国务院批准，以郑州、沙市、常州、四平四市为补贴售房试点，为全国房改探路，形成了"三三制"售房，即当时购房个人支付房款的 1/3，地方政府和职工所在单位各补贴 1/3。补贴售房减轻了家庭的支付压力，但是又极大地增加了地方政府和单位的经济负担，受到它们的强烈反对。更重要的是，当时多数居民依然能以很低的租金甚至免费租住单位提供的公房，其购房意愿并不十分强烈，这导致住房市场化进展缓慢。

20 世纪 80 年代中期开始，住房改革进入"提租补贴"阶段，即改革公房，全面提高公房租金。从政府和单位的角度看，提租可以实现以租养房，减轻负担；从居民角度看，增加租房成本同时提供购房补贴，可以促进居民购买商品房。1986 年 2 月，国务院成立了住房制度改革领导小组，在烟台、蚌埠、唐山三市实施"提租补贴、租售结合"改革试点。1988 年 1 月，国务院召开了第一次全国住房制度改革工作会议，2 月印发《关于在全国城镇分期分批推行住房制度改革的实施方案》，住房改革正式在全国城镇分期分批突进，进入了整体方案设计和全面实施阶段。根据当年 6 月《人民日报》的一篇介绍房地产发展情况的文章可以看出，此次改革进展极大，房地产市场化的要素逐渐齐备：

——"许多城市的房地产业管理局进行了管理体制改革，按照政企分开的原则，把房管所、维修、供暖、建设队伍等过去按行政事业费开支的单位改成独立核算的经济实体，一批房地产经营公司应运而生。"

——"门面装修装饰、水电安装、房屋翻建、冬季供暖等一系列以房地产业为依托的专业服务公司如雨后春笋般涌现出来，房屋建设、维修管理出现社会化、专业化趋势。"

——"国有土地由过去的无偿划拨变为有偿使用,土地作为具有商品属性的生产要素开始进入市场流通。"

——"房地产市场在全国范围内初步开放,167个城市建立了房地产交易中心","有的城市还建立了固定的多种功能综合服务的房地产市场,制定了房地产市场管理条例"。①

房地产开发经营公司、房地产交易中心、房地产相关专业服务公司等经营主体应运而生,房地产基本的生产要素土地也进入市场流通,房地产市场管理条例颁布……房地产行业市场化运行的重要元素基本齐备,星星之火已有燎原之势。然而,20世纪80年代末国内外局势骤变,中国改革整体陷入停滞,房地产这波改革亦戛然而止。

至1991年6月,国务院发布《关于继续积极稳妥地进行城镇住房制度改革的通知》(国发〔1991〕30号),在提出继续调整公房租金、出售公房的同时,特别强调新建住房不再进入旧的住房体制,须按照"先卖后租、有偿租房"的新制度执行。该政策希望避开存量改革压力,以增量促存量,用增量改革的量变积累最终实现整个房地产改革的质变。同年10月,国务院召开了第二次全国住房制度改革工作会议,《国务院办公厅转发国务院住房制度改革领导小组关于全面推进城镇住房制度改革意见的通知》(国办发〔1991〕73号),明确了住房制度改革的总目标和路径——从改革公房低租金制度入手,将公房实物福利分配制度逐步转变为货币工资分配制度,由居民通过市场取得住房的所有权或使用权,从而使住房这种特殊商品进入消费品市场,实现住房资金投入产出的良性循环。该文件还设置了分阶段目标,

---

① 刘欣欣、王延荣:《改变长期靠国家财政补贴过日子局面 我国房地产业开始走上经营之路》,《人民日报》,1988年6月4日第2版。

制定了有关配套政策并进行相关工作部署,成为住房市场化改革进一步深化的重要依据。

1992年初,邓小平南方谈话后,全国改革开放步伐明显加快。海南海口、广西北海等城市吸引了全国各地数千亿元资金,一时间这些地区房地产价格扶摇直上。特别是海南省,1992年总人口不足655.8万人,却聚集了2万多家房地产公司。短短3年,房价从1991年的1400元/平方米涨到1993年的7500元/平方米,增长超过4倍。当1993年海南房地产泡沫破裂时,留下了600多栋烂尾楼、18834公顷闲置土地和800多亿元银行不良贷款[①],留下了中国改革开放之后第一次房地产热和房地产泡沫的时代记忆。

1994年7月,国务院制定并颁布《关于深化城镇住房制度改革的决定》(国发〔1994〕43号),确定住房制度改革的根本目的是实现住房商品化、社会化,并加快住房建设;房改的基本内容为"三改四建":

> "三改"主要是改革旧体制,包括住房建设投资,由国家、单位统包的体制改变为国家、单位、个人三者合理负担的体制;住房建设和经营,由各单位负责改变为社会化、专业化运行;住房分配,由实物福利分配的方式改变为货币工资分配。
>
> "四建"主要是建立新制度,包括:建立经济适用房供应体系和商品房供应体系;建立住房公积金制度;发展住房金融和住房保险,建立政策性和商业性并存的住房信贷体系;建立规范化的房地产交易市场和发展社会化的房屋维修、管理市场,逐步实现住房资金投入产出的良性

---

① 时谦:《如何看懂中国房地产》,东南大学出版社,2018年版。

循环，促进房地产业和相关产业的发展。①

"三改四建"反映出彼时中国房地产发展处于事实上的"双轨制"。一方面，过去数十年积累的公房存量和公房建设、出资、分配、管理等各项制度的转型，在此基础上形成的公房租售市场；另一方面，确立经济适用房和商品房的供应体系、住房公积金的货币化分配体系。在下一个阶段到来之前，双轨制中以公房租售市场和公房制度改革为主体，新的房地产市场仍处于雏形阶段。

1994 年的房地产改革成绩斐然，在公房改革和建立市场化房地产业方面都取得了较大的进展，加之 1995 年，国务院又发布了《国家安居工程实施方案》，扩大住房增量，至 1997 年底，35 个大中城市的公房租金平均为每平方米 1.29 元，在原有基础上有了较大的提高，深圳等城市已率先达到成本租金水平。公房出售在 1996 年以后也有了相当迅速的发展，到 1998 年中，全国城镇自有住房占全部住房比例已超过 50%，部分省市已超过 60%，全国归集住房公积金总额已达 980 亿元。②

（二）土地和金融政策改革

房地产的发展离不开土地政策和金融政策的支持，前者作用于供给端，扩大土地供应从而增加住房供给；后者作用于需求端，让家庭购买商品房成为可能。

土地政策改革是房地产发展的前提。土地政策改革第一步是将国有土地

---

① 中华人民共和国中央人民政府官网，http://www.gov.cn/zhuanti/2015-06/13/content_2878960.htm。
② 赵丽梅：《开辟住房新时代》，《中国青年报》，2021 年 4 月 2 日第 5 版。

由过去的无偿划拨变为有偿使用,通过征收土地使用费实现土地作为生产要素的商品化。1980年10月,国家建委召开全国城市规划工作会议并制定《关于征收城镇土地使用费的意见》,提出"在城市规划区范围内,对占有土地的单位和个人,均应按当年实际占地面积交纳土地使用费。收费标准应根据不同地段,分等级确定"。1982年,《深圳经济特区土地管理暂行规定》试行,将土地分为工业、商业、商住等六类,分类征收土地使用费。1984年抚顺、广州等市先后推行土地使用费试点工作,抚顺还按地段繁华程度把市区土地分为3类收费,以体现土地的级差效益。在此期间,理论和政策界经历了激烈的"税、费、租"之争,最终,1988年9月国务院颁布的《城镇土地使用税暂行条例》结束了争论,它确立了土地使用税的法律地位。

土地有偿使用的原则虽然确立,但土地如何进入市场流通、如何定价的问题依然没有得到解决。在房改初期,土地流转采取"行政定价、协议出让"的方式,这种方式不可避免会滋生腐败和灰色交易。1987年7月,深圳市学习香港土地拍卖制度,提出土地所有权和使用权分离,将土地使用权有偿出让,并采取招标方式进行公开竞投。同年12月,深圳在全国首次公开拍让一块8600平方米土地使用权。这一拍,也推动了1988年《中华人民共和国宪法修正案》明确指出"土地使用权可以依法转让"。此后,上海、福州、海口等地也进行了土地使用权批租、拍让的尝试。"招拍挂"制度雏形出现。

1990年5月,《中华人民共和国城镇国有土地使用权出让和转让暂行条例》出台,对城镇国有土地使用权的有偿出让提供了具体依据,为建立可流转的房地产和房地产市场的形成奠定了基础。20世纪90年代后期,为纠正1992—1993年的房地产热,我国政府陆续制定并颁布了一系列政策,确立

农田保护制度、规范土地开发行为、加强土地集约利用。

我国房地产业的快速发展，离不开金融制度对需求端的支持。1991年6月，国务院印发《关于继续积极稳妥地进行城镇住房制度改革的通知》，首次提出开办个人购买住房贷款业务。1992年，中国建设银行和中国工商银行设立房地产信贷部，开始经办商业性住房抵押贷款业务。1995年，为规范和促进商业银行开展房地产信贷业务，中国人民银行制定了《商业银行自营性住房贷款管理暂行办法》，紧接着，在两年后出台《个人担保住房贷款管理办法》，初步形成商业银行个人购房融资活动的制度框架。

1998年在我国房地产市场的发展中具有里程碑意义。7月，国务院颁布《关于进一步深化城镇住房制度改革 加快住房建设的通知》（国发〔1998〕23号），宣布中国逐步停止分配福利住房，全面实行住房商品化、货币化，同时完善以经济适用住房为主的多层次城镇住房供应体系。该文件所推动的中国房地产改革被称为"九八房改"，它标志着中国房地产市场的形成，中国房地产发展进入快车道，出现了近20年的繁荣期。

"九八房改"不仅正式宣布房地产商品化全面启动，更重要的是，房地产市场的供需两端也逐渐发育成熟。需求端，购房主体发生了变化，单位集体购买退出市场，个人成为消费主体。供给端，除了原房管部门组建的国资企业，大量的民营企业、中外合资、独资企业开始参与房地产的开发销售。中国房地产市场供需两端均进入了市场化运行轨道。

三、1998—2016年：发展逻辑下的房地产

"九八房改"正式启动我国房地产商品化，并长期繁荣近20年。这段时间里，在政府宏观调控政策和市场化发展"两只手"的联合作用下，我国

房地产进入发展的逻辑。房地产从"新的经济增长点"到"国民经济支柱产业",充当了中央政府调控经济的重要抓手,肩负起服务刺激经济增长和保就业的职能。也正是在这个过程中,房地产逐渐成为我国最重要的行业之一,贡献了很大比例的 GDP、税收,带动了许多衍生产业及就业,以至中国出现了经济"房地产化"的说法。这期间,尽管政府也强调房地产对人民安居乐业的重要意义,并间或通过政策调控抑制房价过快上涨,但总体上,没能阻止房价的持续高涨。房地产发展和增长的逻辑是压倒性的。

1998—2016 年,受两次大规模危机的影响,我国房地产出现了两个明显的发展期:1998 年房地产市场化改革红利逐步释放,叠加东南亚金融危机后政府的经济刺激政策,房地产出现十年繁荣期,直至 2008 年金融危机到来;2008 年金融危机以后,中国为了托底经济推出 4 万亿元经济刺激计划,很快也转化为房价普涨,直至 2016 年底中央提出"房住不炒"的原则。

(一)房地产发展的黄金时代(1998—2008 年)

1997 年东南亚金融危机爆发,我国作为负责任大国,为稳定区域经济信心,承诺人民币不贬值,并全力赢得香港金融保卫战。外部冲击加上不利的外汇政策,对我国进出口和外商投资带来不小的影响。外贸出现下降,出口金额增速从 1997 年 1 月的 27.6% 跌落到 1998 年 10 月的 –17.3%,1998 年全年出口增速 0.4%,比上年增速下降 20.1%。外商直接投资明显下降。1998 年外商直接投资没有增长,1999 年同比增速为 –11.31%,一反过去几年高速增长的趋势。为了扩大内需,拉动经济增长,政府把市场化改革后的房地产作为经济发展新的增长点,因此有了上文提到的 1998 年 23 号文。此文件不仅标志着住房商品化制度的建立,而且随着房地产在经济中支柱地位的确立,房地产业也成了政府进行宏观经济调控的重要抓手。

1998—2002年,政府各部门密集出台房地产支持政策,其中以金融政策最为集中。1998年4月,中国人民银行发布《关于加大住房信贷投入支持住房建设与消费的通知》,颁布了《个人住房贷款管理办法》,加强住房信贷投入,扩大提供住房信贷金融机构范围,并对利率进行调整,商业银行可一定范围降低个人住房贷款利率;1999年2月,中国人民银行下发《关于鼓励消费贷款的若干意见》,将住房贷款占房款比例提高至80%,同年9月,中国人民银行出台文件又将个人住房贷款最长年限从20年延长至30年,并将个人住房贷款利率下调10%。再配合1998—2002年的宽松货币政策,中国人民银行先后五次下调贷款利率,这期间房价一路飙升,房地产一片繁荣,也带动了中国经济从1998年金融危机后的复苏。

2003年8月12日,国务院颁布《关于促进房地产市场持续健康发展的通知》(国发〔2003〕18号)明确将房地产业列为国民经济的支柱产业,提出要充分认识房地产市场持续健康发展对促进消费、扩大内需、拉动投资增长,保持国民经济快速发展以及扩大社会就业的重要意义。自此,房地产成为我国经济发展的核心动力之一。

在一系列政策刺激下,1998—2003年房地产市场迅速恢复,以至出现局部过热,随后2004年整顿土地市场、完善土地制度、规范市场秩序以调控供给,2005年上调个人购房首付比例和贷款利率、遏制投机性炒房和投资性购房、严格征收住房交易的各项税收以调控需求,2006年重点发展中低价位、中小套型普通商品住房、经济适用住房和廉租房以调控结构,2007年加强调控政策以降低房地产热度,但房地产市场在长周期力量支撑下,销量、价格、投资等仍持续高增长。

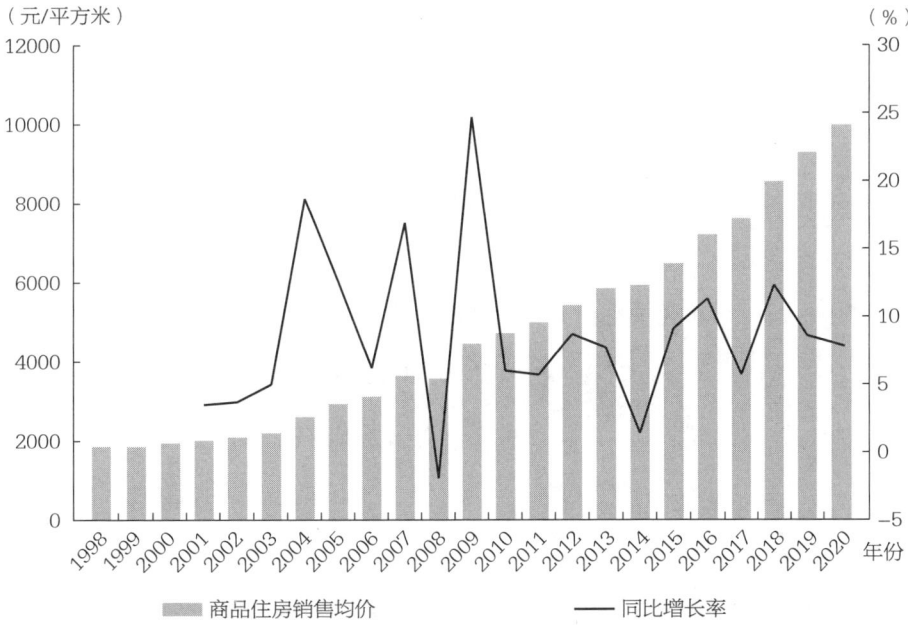

图1-2 中国商品住房销售均价及同比增长率

数据来源：国家统计局。

1999—2008年被称为中国房地产发展的"黄金十年"。商品住房销售面积从1999年的1.2亿平方米上升到2008年的5.9亿平方米，销售额同期从2000亿元增长到2.1万亿元。住房销售面积和销售额实现了年均20%左右的增速。1998—2020年中国商品住房销售均价及同比增长率见图1-2。房地产投资同样保持高速增长，从1999年的4000亿元增至2008年的3.1万亿元，增幅保持在20%~40%。相比于同期经济增长年均10%左右的速度，房地产市场增速超过同期GDP增速一倍。

（二）房地产发展的白银时代（2008—2016年）

2008年，历史再次上演。美国爆发的次贷危机演变为全球金融危机，并传导到实体经济，美国国内经济下滑，消费者削减信贷和消费，美国进口大幅减少。金融危机传递到欧洲，演变为主权债务危机，欧洲经济严重受挫。美国和欧盟作为我国排名前两位的贸易伙伴，其陷入危机直接导致我国出口迅速萎缩。为了托举我国经济以免陷入危机，2008年11月5日，国务院常务会议制定并实行了"四万亿元的经济刺激计划"。房地产"国民经济重要支柱产业"的地位再次凸显，成为刺激计划的重要着力点。四万亿元经济刺激计划一方面通过宽松的货币政策，扩大信贷规模，增加房地产融资，刺激住房消费；另一方面通过增加廉租房供给和棚户区改造，政府直接投资房地产，扩大住房供给。在经济刺激计划和随后相关各部委的调控政策作用之下，房地产投资、销售很快回升，进入一个新的增长周期，被业界称为房地产的"白银时代"。

尽管与之前十年相比稍有逊色，但我国房地产业在2008—2016年继续保持较高发展速度。以城市人均居住面积来看，1998—2008年，城市人均居住面积从18.66平方米上升到30.60平方米，十年增长11.94平方米，年均增长1.12平方米；而2008—2016年，城市人均居住面积增长6.0平方米，年均增长约0.75平方米。增速明显下降。

同1998—2008年持续上涨不同，2008—2016年中国房地产的发展出现两个特征，一是起起伏伏，呈现出波动式发展的特征；二是不同区域，特别是一、二线城市与三线城市之间出现明显分化。

如图1-3所示，2008—2016年，我国商品住房销售面积和销售额增速都出现明显的波峰波谷。波峰时增速可超过50%，而波谷时，则出现销售面积和销售额增长均为负的情况，房地产市场陷入衰退。这一时期共出现三次"波谷—波峰—波谷"的小周期。

第一个波谷出现在2009年1—2月。2008年全球金融危机爆发，我国房地产市场受到冲击出现明显收缩，住房销售和价格同比出现了罕见的负

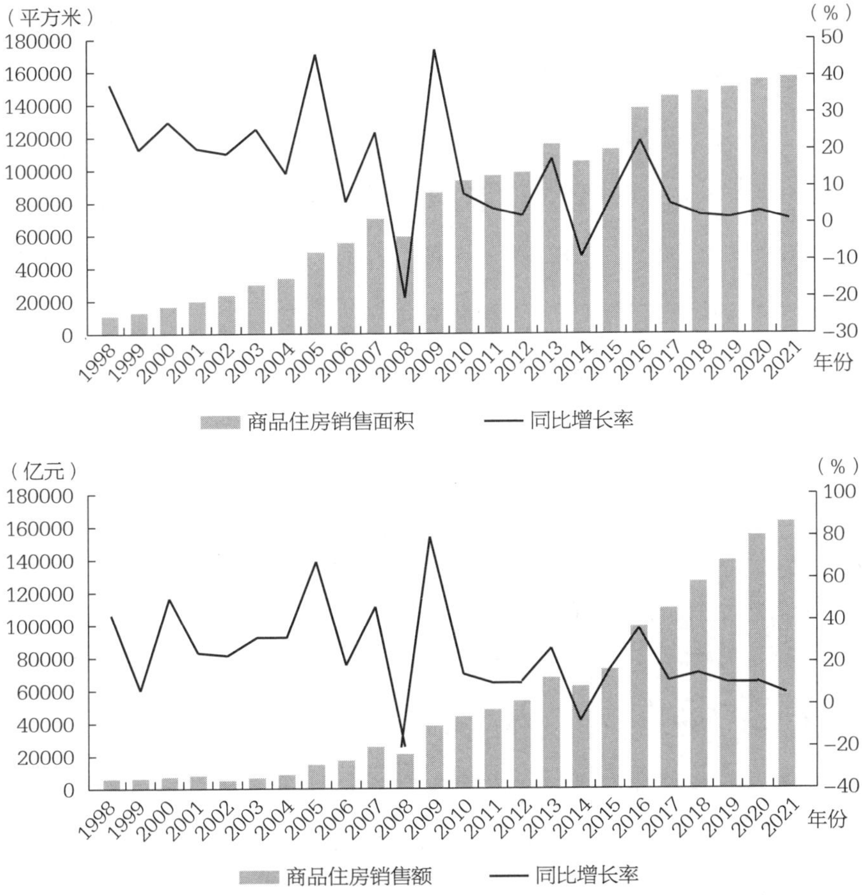

图 1-3 1998—2021 年我国商品住房销售面积和销售额及其同比增长率

数据来源：国家统计局。

增长，2009 年 1—2 月住房销售面积和销售额出现接近 20% 的负增长。在 2008 年 11 月出台的"四万亿元的经济刺激计划"作用下，整体经济逐渐趋稳，加之 2009 年房地产政策频出，在降低首付比、降低贷款利率，全力刺激下，房地产市场迅速恢复并趋热，并于 2010 年 1 月达到波峰，住房销售面积增长超过 40%，销售额同比涨幅超过 80%，以至 2010 年宏观调控开始重新收紧，2010—2011 年房地产市场略有降温。

第二个波谷出现在 2011 年 11 月，房地产刺激政策重新出现，2012—2013 年再度恢复，房价强力上涨，2013 年 3 月出现第二个波峰。2014 年房地产投资又快速下滑。

第三个波谷在 2015 年 2 月出现，因此又有两轮政策不断刺激，2015—2016 年，一、二线城市房价暴涨，随后在 2016 年 10 月，房地产开始"因城施策"的新一轮调控，直至 12 月中央经济工作会议提出要"加快研究建立符合国情、适应市场规律的基础性制度和长效机制"。我国房地产市场进入新的发展逻辑。

2008—2016 年我国房地产的发展的第二个特征是，2012 年特别是 2015 年以来，城市房价的上涨不再是全国普涨，而是不同区域，特别是一线城市与二、三线城市之间出现明显分化。

从图 1-4 可以看出，2012 年以前，一、二、三线城市房价同比增长相差不大，但 2012 年以后，一线、二线、三线城市房价在上涨周期中涨幅相差越来越大，一线城市房价往往在上涨周期中发生暴涨，而在下降周期中下降有限，而三线城市房价在上涨周期中涨幅较弱，但在下降周期中跌幅最大，二线城市则居于一线城市和三线城市之间，上涨周期中涨幅居中，下降周期中跌幅也居中。这也是 2016 年以来中央一直强调的要"因城施策"的原因。这也说明支撑中国房地产长期繁荣的根本动力——城镇化的情况已经发生变化。从图 1-5 中国常住人口城镇化率变化可见，1995—2012 年我国城镇化速度一直保持在很高的水平，我国人口以年均接近 1.5% 的速度向城市聚集，给房地产的发展以基本的支撑。而 2012 年后城镇化的速度比之前明显放缓，2021 年中国常住人口城镇化率已达 64.7%，未来上升空间有限，人们会愿意流向那些更有发展前景的、产业发展能提供就业的、生活条件更有保障的城市。因此伴随着城市发展的分化，房地产发展的分化会成为未来一段时间的常态。

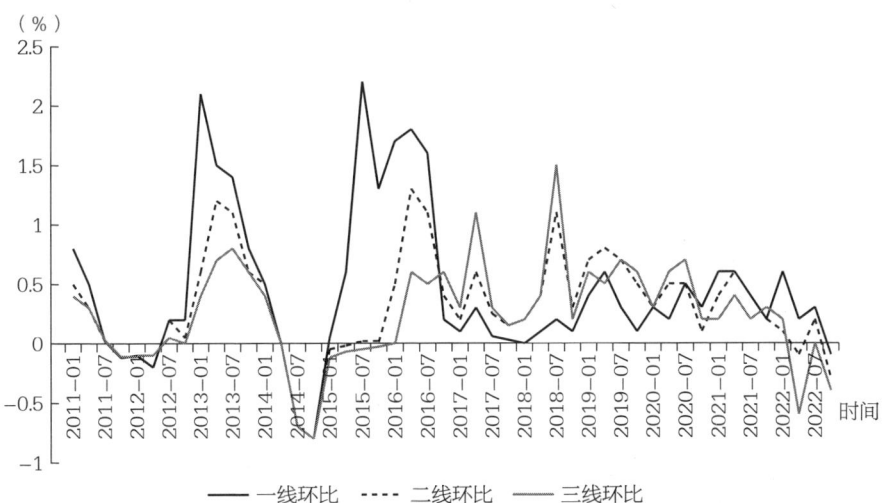

图1-4　一、二、三线城市新建商品住房价格指数涨幅

数据来源：国家统计局。

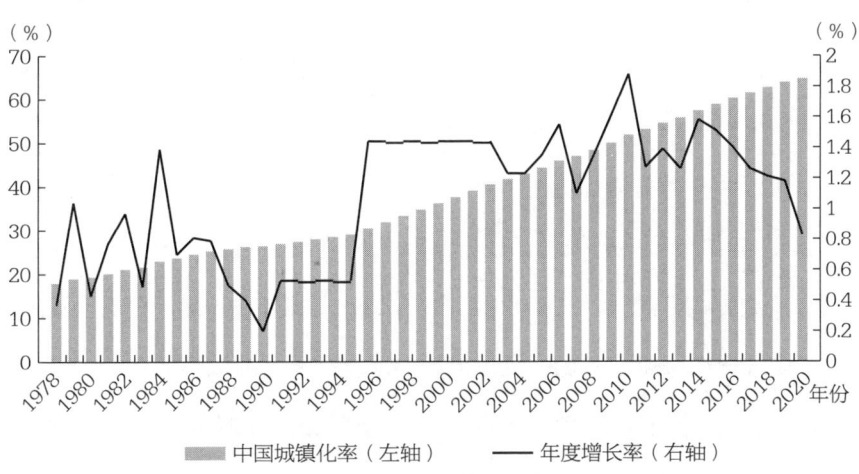

图1-5　中国常住人口城镇化率及年度增长率

数据来源：国家统计局。

四、2016年以来:稳定逻辑下的房地产

我国房地产在近二十年的长期繁荣中,房价飙升,特别是一线城市的房价已成为城市青年不能承受之重。从全国均值看,自2014年起,城镇商品住房价格涨幅已大于城镇居民人均可支配收入的涨幅。这意味着每年收入可购买的住房面积持续回落,收入增长已赶不上房价上涨,没买到住房的家庭将陷入越来越买不起房的境地。高房价成为加剧城市财富分化和社会矛盾激化的重要爆发点。因此在房地产发展的新阶段,稳定成为基本逻辑,稳地价、稳房价、稳预期,乃至化解社会矛盾以稳定社会成为房地产领域最重要的工作。

(一)"房住不炒"成为基本原则

面对暴涨的房价,2016年下半年政府收紧楼市,各地纷纷出台了楼市调控政策,包括提高社保及缴纳年限门槛和"认房又认贷"的限购政策,提高首付比例的限贷政策,以及针对房地产企业的各种限制政策。2016年12月中央经济工作会议首次提出房地产发展的"长效机制",坚持"房子是用来住的,不是用来炒的"定位,加强住房市场的监管整顿,规范房地产的开发、销售、中介等行为。"房子是用来住的,不是用来炒的"一年后又被写进了2017年党的十九大报告,被社会简称为"房住不炒",成为近些年房地产领域最重要词汇之一。在2022年党的二十大报告中,这一房地产发展的基本原则被再次强调。此后,经过市场的反复拉锯,社会普遍认识到中国房地产发展进入了新阶段,房地产的长期繁荣时光已一去不复返。

从2017年开始,中国的房地产行业进入了史上最严苛的调控期。政府不仅限购、限贷、限价,还调整了土地拍卖方式,并且增加长租房供给,鼓励租购并举,特别是提出建立和完善房地产长效机制。2018年,房地产行业经历了从高温到降温的过程,房价预期发生了明显扭转,当年商品房销售面积上涨幅度有所放缓。2019年,住建部以"稳地价、稳房价、稳预期"定调全年楼市。从中央的提法和举措来看,推动房地产转型的信号已经比较明显。党的十九大之后,即便经济多次遇到困难,如中美贸易战,2020年以来反复出现的疫情,2022年第二季度严重的经济下挫,中央始终坚持"房住不炒"的理念并反复重申,多次遏制住了部分地方政府想回到过去用房地产刺激经济发展的老路上去的冲动。从社会层面看,如今不论是房地产企业、金融部门,还是地方政府,都基本达成共识,房地产非改革不可。

然而,2022年之前中央政府主要工作还不是探索房地产发展新模式,而是扭转"地方政府只要经济出现下行压力就刺激房地产,房地产企业只要拿到地借到债就能赚到钱,购房者只要买到房就踏上家庭财富增长快车道"的共识,规范房地产业相关主体、商业银行和地方政府的行为模式。中央政府管控房地产主要有两个手段,一是管控金融风险,二是管控土地供给。

(二)强化金融纪律,化解金融风险

"十次危机,九次房产",房地产发展旧模式的风险在于过度金融化,房地产企业过度使用资本信用和商业信用,导致债务积累存在爆雷的风险;与房产金融化相对应的是金融房产化,银行部门的贷款过度集中在房地产领域,若房产爆雷,则通过金融体系放大为系统性风险。而以稳定为基本逻辑的中央政策只能提前化解风险。

2020年8月,住建部、中国人民银行在北京召开重点房地产企业座谈会,不仅银保监会、证监会、外汇局、交易商协会等相关部门负责同志出席,部分房地产企业负责人也参加了会议,会议强调:

党的十九大以来，有关部门和地方贯彻落实党中央、国务院决策部署，坚持房子是用来住的、不是用来炒的定位，坚持不将房地产作为短期刺激经济的手段，落实城市主体责任，稳地价、稳房价、稳预期，保持房地产调控政策的连续性、稳定性，稳妥实施房地产长效机制，房地产市场保持了平稳健康发展。

会议指出，为进一步落实房地产长效机制，实施好房地产金融审慎管理制度，增强房地产企业融资的市场化、规则化和透明度，人民银行、住房城乡建设部会同相关部门在前期广泛征求意见的基础上，形成了重点房地产企业资金监测和融资管理规则。①

其中形成的重点房地产企业资金监测和融资管理规则，被称为"三线四档"规则，对房地产企业提出了三项财务要求：一是企业剔除预收款后的资产负债率不能高于70%；二是企业的净负债率不能高于100%；三是企业的现金短债比不小于1。这三条财务要求被称为"三道红线"，央行再按照这三条财务要求把所有房企分为"四类"，未踩红线的房企是房企中的"优等生"，为绿档；踩了一道红线的房企为黄档，踩了两道红线的房企为橙档，这两档房企后续的融资规模受到相应限制；踩了三道红线的房企为红档，禁止再发债融资。中国人民银行、住建部还选取了一些房地产企业做试点，对这些企业的财务进行整治。

"三道红线"规则发布之前，据2018年统计，我国在工商局注册登记的房地产开发商共9.7万家，这些房地产商据估计有2/3至少踩了一道红线，其中约10家A股上市房地产企业把三道红线全部踩了一遍，云南城投的净

---

① 住建部、央行联合召开房地产企业座谈会 研究进一步落实长效机制，http://house.hexun.com/2020-08-24/201924302.html。

负债率高达 1292%。

"三道红线"的规则发布之后,上市房企均将"三道红线"实现"全绿"作为目标。一年后,南方产业智库联合暨南大学经济与社会研究院,对纳入上市房企 60 健康指数(HFI-60)监测范畴的企业进行"三道红线"测算,结果显示,零踩线"绿档"房企和踩一道红线的"黄档"房企各 22 家,踩两道红线的"橙档"房企有 10 家,三线全踩的"红档"房企有 6 家。全部"绿档"的 22 家房企中,不乏中国海外发展、华润置地、保利地产、世茂集团、龙湖集团、越秀地产等规模房企,央行和住建部的试点企业经过整治,"资产负债率、净负债率、现金短债比三项核心经营财务指标明显改善,负债规模稳步下降,经营融资行为更加审慎自律"。①

在敦促房企降杠杆,整体改善房企财务状况的同时,"三条红线"的金融整治也引爆了如恒大等高负债企业。恒大作为"红档"企业被禁止进一步借债融资,没有了后续的融资机会,之前的债务无法通过进一步扩大债务来偿还,债务问题在 2020 年底暴露了出来,其资金链在 2022 年彻底崩掉,引发了 2022 年中的"断供"潮。

整顿房地产企业的同时,央行和银保监会也加强了对银行类金融机构的纪律约束,并在 2020 年最后一天发布了《关于建立银行业金融机构房地产贷款集中度管理制度》(银发〔2020〕322 号),对银行业金融机构设置了房贷"两道红线",即将银行按规模分为五档,分别对各档机构的房地产贷款占比和个人住房贷款占比设置上限,特别是县域及以下的小型银行、农合机构,要求涉房地产贷款比例限制在 30% 以内,责令超出管理要求的金融机构在一定过渡期内完成贷款业务结构调整。

---

① 韩鑫、吴秋余:《加快发展保障性租赁住房,全面落实房地产长效机制——促进房地产市场平稳健康发展(政策解读)》,《人民日报》,2021 年 7 月 23 日第 12 版。

对银行业金融机构实施房贷集中度管理，一是降低居民部门的杠杆水平，我国居民部门杠杆水平从 2012 年以来快速上升，从约 30% 增长到 2020 年的约 60% 以上；二是从需求端抑制房价的增长；三是加强对银行业涉房约束，降低房地产行业风险传递到银行业引起不可控的金融系统风险。经过整顿，我国银行业金融机构房地产贷款、个人住房贷款集中度都出现了一定程度的下降。

（三）规范土地供给，约束土地财政

房地产附着于土地之上。稳定房地产发展的根本手段要依赖对土地供应方式的改革。

2021 年初，自然资源部下发文件在全国 22 个城市实施"两集中、三批次"供地程序。"两集中"是指地方政府出让住房用地时，集中发布出让公告、集中组织出让活动。"三批次"指土地集中出让的活动一年不能超过 3 批次。

"两集中、三批次"，相当于把土地出让从零售改为批发，那么它对房地产发展的意义是什么呢？

（1）增加了土地使用的规划性。对地方政府而言，出让多少土地，出让哪些土地，不能再临时起意，政府至少需要按照全年做系统规划。对房地产企业，特别是资本雄厚的大企业而言，可以一次性多拿几块地，按照统一规划，进行整体的开发建设。

（2）改变了以前少量土地转让时营造的供不应求局面，减少了房地产企业哄抢。在各地实施的过程中，不少城市因地制宜新增了如"触顶摇号、一次性书面报价"等新规则，尤其是房地产热度较高的城市，如广州、深圳、上海、南京等地都下调溢价率上限，以避免高溢价地块的出现，部分城市则增加了竞品质住房的建设要求。自集中供地政策实施以来，多数城市土地拍

卖热度得到有效控制，以前频繁出现的"地王"现象随之减少。

从诸葛找房数据研究中心整理的 2021 年 22 城中主要城市三批次集中供地规则（见表 1-1）可以看到，"两集中、三批次"的土地供应政策改变了以往只看竞拍价格的单一维度，把配套建设能力、房企自持比例、租赁住房比例、资金能力、建设品质等房地产规范要求均纳入竞拍中通盘考虑。政策的调整不仅让更有实力和信用的房企相对容易拿到土地，也对整个房地产企业起到引导作用。

表 1-1　2021 年主要城市三批次集中供地规则

城市	主要竞拍规则		
	第一批	第二批	第三批
北京	限地价 + 限房价 + 竞政府持有产权比例 + 竞现房 + 竞高品质住房	部分地块试点摇号；溢价上限 15%；控股子公司禁拍	无明显调整
广州	限地价 + 竞配建 + 竞自持 + 摇号	溢价上限调至 15%；限地价 + 竞自持 + 摇号 + 禁马甲 + 限房价试点	取消了一月内一次性付清总价的要求、允许分期支付
上海	限房价 + 限地价 + 一次性报价	限地价 + 限房价 + 限参拍 + 禁马甲 + 一次性报价；溢价上限 10%	无明显调整
深圳	限地价 + 限房价 + 竞配建 + 竞自持 + 竞人才公寓	溢价上限调至 15%；限价 3%~9%，控股子公司禁拍，同批限得 3 宗	将竞配建指标由"全年期自持租赁住房"调整为"可售公共住房"
杭州	限地价 + 限房价 + 竞自持 + 竞配建	限地价 + 限房价 + 验号 / 抽签 + 试点竞品质；溢价上调至 15%；同集团企业禁拍且同批次限报 5 宗	取消"竞品质、现房限售"，改为定品质；溢价率上限 10%，达到封顶价之后不再竞自持或者配建，恢复"预公告"的勾地政策、出让金缴纳周期长
南京	限房价 + 竞地价 + 摇号	限地价 + 限房价 + 禁马甲 + 限参拍 + 定品质；溢价上限调至 15%	房企资质由二批土拍的二级或一级下调至三级以上，放宽联合拿地的限制

续表

城市	主要竞拍规则		
	第一批	第二批	第三批
成都	限房价+限地价+竞自持	定品质+限地价+竞人才公寓；溢价上限调至10%；控股子公司禁拍	限房价+限地价+定品质+竞人才公寓比例；全部土地均未设置起始人才公寓配建要求
重庆	直接竞价，部分地块竞拍溢价率超50%，企业需在一个半月内缴清合款	限地价+竞自持+竞高品质住房；溢价上限调至15%；控股子公司禁拍	竞地价+摇号

资料来源：诸葛找房数据研究中心。

经过22城的试点，供地"两集中"政策逐渐实现了政策出台的目标，即为土地市场降温、促使溢价率回稳。

从产业发展的角度看，房地产业已经成为中国经济的重要组成部分。1952年，我国房地产业增加值为14亿元，到2021年，以名义价格计算的房地产业增加值为7.8亿元，房地产增加值在国内生产总值中的比重不断上升，从1952年的2.1%上升到2021年的6.8%（见图1-6）。

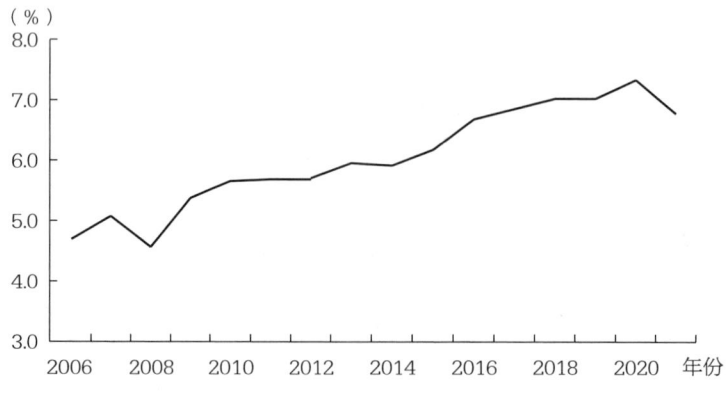

图1-6 2006—2020年中国房地产增加值占GDP的比重

数据来源：中国统计局。

从住房满足人民居住需求角度看，房地产发展极大地提高了人民的居住水平。人均居住面积从改革开放前的 3.6 平方米增加到 2020 年的 41.8 平方米，户均住房套数已达到 1.1 套，从人均或户均的角度看，中国房地产业发展对改善人民需求已基本实现，未来将进入分配结构的调整。

从制度改革角度看，中国房地产从土地价格到商品房供给都实现了市场化运作。政府在房地产源头的土地供应量和调控房地产市场交易的金融、税收、行政等方面形成了一套操作标准。但同时也带来了一系列的问题。发展中的问题只能在发展中解决，中国房地产已经进入又一次转型的逻辑，房地产已经达到的规模和水平为房地产进一步改革奠定了坚实的基础。

Chapter 2

第二章

我国房地产利益相关方和基本运行机制

第二章 我国房地产利益相关方和基本运行机制

任何事物的演变除了在时间线上形成历史脉络，在空间上还生成特定的结构关系，我国房地产亦是如此。它牵扯多方经济主体的利益，并在各主体相互博弈中形成复杂的关系，牵绊着房地产进一步发展。本章将从我国房地产利益攸关方的行为逻辑出发，分析房地产发展的内在逻辑和由此产生的问题，以准确把握中国房地产业未来发展趋势。

我国房地产利益相关方主要有6个：中央政府、地方政府、房地产公司、以商业银行为主的金融机构、房地产公司的供应商和购房者。这六方都有各自的利益考量和行为逻辑，并均处于与其他几方的互动之中，且结成相互关系。在这6方的关系网中又嵌套了4项基本运行机制：以地方政府为中心的土地财政、以大地产公司为中心的房地产产业链、以商业银行和地产公司利益嵌套为基础的商品房预售制，以及中央政府把握"改革、发展和稳定"三者关系的辩证逻辑（见图2-1）。其中，每一项机制都极具中国特色。它们既推动房地产规模的迅速扩张，也诱发了现在房地产的问题。理解了以上6方的利益考量和4项基本运行机制，也就厘清了我国房地产的运行模式。

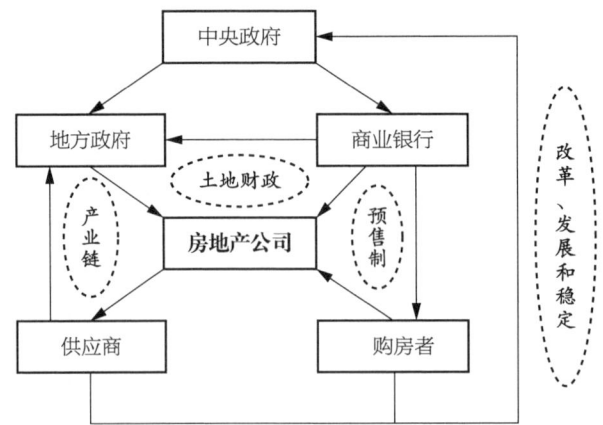

图 2-1　中国房地产利益相关 6 方和 4 项基本运行机制

一、中央政府的政策逻辑

毋庸置疑，我国房地产业的出现、发展和转型与中央政府对房地产的定位和政策导向密切相关。由于我国社会制度的独特性，作为房地产发展的基础的土地和金融始终掌握在国家手中，因此，尽管房地产作为特定产业有其自身供给关系决定的产业逻辑，但中央政府能够通过土地供应和金融政策整体把控房地产的发展阶段。这是我们把中央政府也作为房地产业行为主体之一的原因。

中央政府管控和引导房地产发展的行为逻辑，就是它始终强调"要把握好改革、发展与稳定的辩证关系"。正如本书第一章所述，中国房地产在改革开放之后的三个发展阶段中，改革、发展和稳定依次成为中央房地产政策的底层逻辑中的重点。

1998 年之前我国房地产按照改革的逻辑发展，主要表现为向社会主义市场化改革的制度探索。先是培养市场主体，让地方政府和企业都计算投入—产出、成本—收益，按照利润原则安排房地产的投入，把房地产从以往政府兜底的福利分房转变为能够"自负盈亏"的产业部门。然后，营造房地产市场化运作的制度环境，完善相关的土地、法律、金融、税收等政策。

在1998—2016年房地产发展的第二个阶段，中央政府的政策重点是"发展"。发展的重中之重是"增长"。因为城市化进程加速，大规模农村人口进入城市需要住有所居；也因为城市化本身依托于对特定空间的改造，城市要成为城市，首先得有高楼大厦、铁路公路、厂房写字楼、商场公园，这都属于广义房地产业；更因为经济发展过程中周期性的经济危机，需要房地产作为经济支柱产业发挥提振经济的作用。这一阶段虽然也存在抑制房价、限购限贷等防止房地产过热的政策，但只是对增长节奏的调整，目的是更稳地增长，更好地发展。

稳定是改革和发展的前提，当发展中的矛盾不断积累威胁社会稳定时，政策的重点就要转向稳定。中国房地产经过近二十年的增长，房价节节攀升，成为人民不能承受之重。房地产对中国经济转型，建设高质量经济体形成阻碍之时，中央从2017年开始强调"房住不炒"，提出房地产发展长效机制，并制定了土地供给和金融方面的规范等。特别是2021年不少大型房地产公司债务爆雷，造成2022年中的停贷潮，成为社会不稳定因素。政府开始"保民生""保稳定"，房地产行业未来的发展将更加稳定。

因第一章即按照改革、发展、稳定对中国房地产发展历程进行了梳理，本节不再赘述。这里需要注意的是，社会主义市场经济不同于自由市场经济的本质，在于我国政府对市场具有规范和引导的能力。虽然房地产已经按照市场化原则运行，但中央政府的政策导向依然是我们把握房地产发展趋势的绝对变量。

二、地方政府的土地财政

中国房地产发展的一个重要推手是地方政府。地方政府推动经济增长、规划本地产业格局、维持社会稳定,作为全能型选手参与了中国工业化和城市化建设,甚至间接地参与了全球竞争。

地方政府参与经济发展、撬动资本的关键机制就是土地财政。近些年关于土地财政的讨论很多,误解也不少。很多人以为土地财政就是"卖地收入",实际上,从地方政府收入的角度,土地财政可以划分为三个部分。第一部分是土地出让金,即土地使用权出让收入,计入地方政府基金性收入。随着土地政策改革和房地产行业的发展,土地出让金从无到有,增长十分迅速,2021年已达8.7万亿元(见图2-2),约为地方财政一般预算收入的78%。第二部分是与土地和房产相关联的税收,包括与土地直接相关的土地增值税、城镇土地使用税、耕地占用税、契税,以及和房地产企业相关的增值税和企业所得税,这些税收包含在地方财政一般预算收入当中,约占其1/4。因此,仅土地出让金和土地及房产相关税收二者就几乎和地方财政一般预算收入持平,是名副其实的"第二财政"。第三部分是土地金融,即地方政府支持下的投融资平台公司,以土地为抵押向银行借贷,银行再把部分债务以金融证券的方式向社会销售,也就是城投债。从规模上看,这部分才是土地财政的主体。在2010年城投债发行最为宽松之时,土地金融占地方政府土地财政总额的70%左右,而土地出让金只占约1/4。这部分之所以归于土地财政,是因为融资规模与抵押物土地的价格密切相关,同时投融资平台大多投资城市基础设施和公共事业等广义房地产项目,但土地融资与土地出让金和土地关联税收的不同之处在于,土地融资是地方政府的隐性债务,未来需要偿还,目前已成为地方政府严重的债务负担。

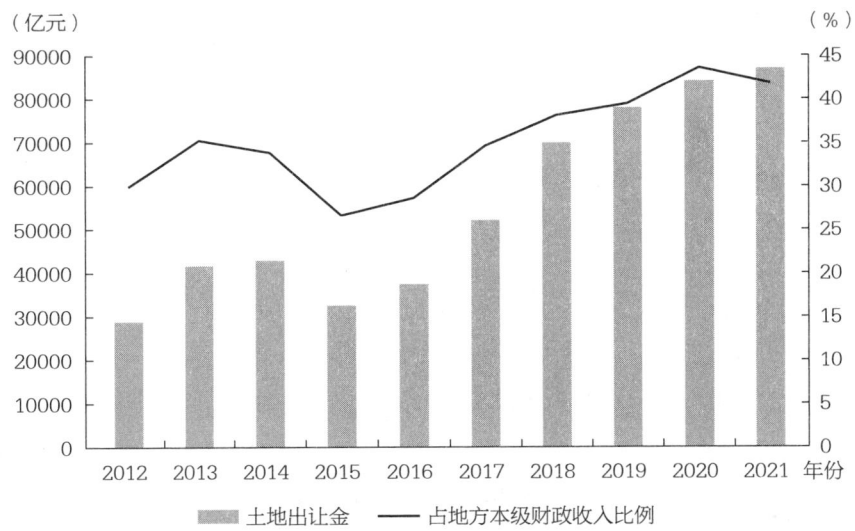

图 2-2　2012—2021 年国有土地出让金及其占地方本级财政收入的比例

数据来源：历年《中国国土资源统计年鉴》。

地方政府土地财政状况与中国的税收制度有关。自 1994 年分税制改革之后，原来作为地方税收主体的增值税被中央拿走 3/4，留给地方 1/4。从此中央财政收入持续增长，成为世界上最有钱的中央政府之一，在更多的领域，如基建、国防、重大科技等领域发展举国体制，集国家之力干大事。相应地，地方财政开始捉襟见肘，虽然有部分的中央财政转移支付，但总体上依然入不敷出，也就是地方政府的财权和事权不匹配。以 2004 年为例，地方财政收入占全国财政总收入的 45%，而支出占 72%。地方需要从其他方面想办法，正好遇上房改，而中央又同意将土地出让收入留存地方，因此地方政府开启了土地财政的逻辑。

土地财政并非地方政府简单地把土地一卖了之，完整的土地财政运作要复杂得多，涉及地方政府、投融资平台、金融机构、房地产公司多方，且地方政府在土地财政的运作中实现招商引资发展产业和土地开发进行城市化建设集于一体（见图 2-3）。

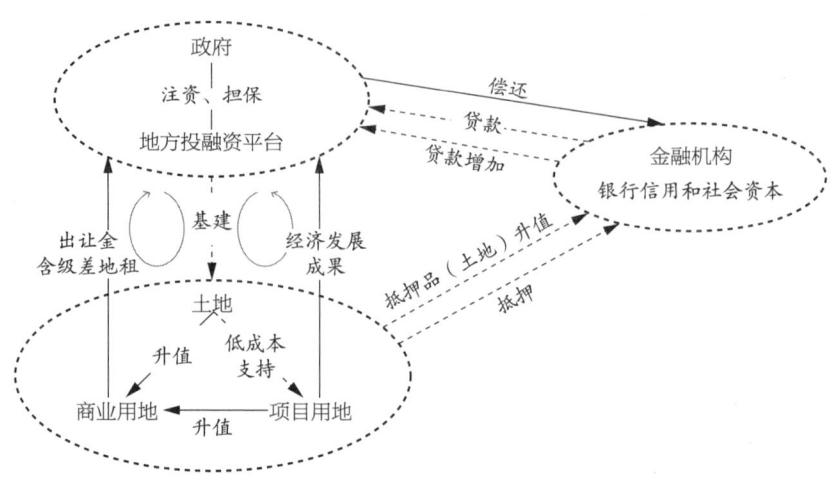

图 2-3 地方政府土地财政组织结构和资金流转示意图

地方政府出让的土地分为两种：一种是商住用地，用于商业建设和住房建设，出让金随行就市，逐渐增长；另一种是工业用地，用于招商引资、工业项目建设，以相对商住用地极低的价格出让。在这些年出让的城市土地中，商住用地和工业用地基本各占一半，土地出让金却几乎全部来自商住用地。对地方政府来说这两种土地出让功用不同，商住用地可以拿到更多出让金，而工业用地目的是做产业规划，发展整体经济以在未来形成正的外部性，收获长期经济发展成果。产业的发展聚集产业人口，增加商业和住房需求，推动房地产价格上涨，这样地方政府又能进一步抬高商住用地的出让金。

地方政府拿到更多的土地出让金，虽然有一部分用于三公消费、面子工程等被老百姓诟病的方面，但其实大部分投资到了城市建设中，如城市扩建和城市更新的征地拆迁补偿、"七通一平"（道路通、给水通、电通、排水通、热力通、电信通、燃气通及土地平整）等基础性土地开发，城市公路、地铁等基础设施建设，自来水、垃圾处理等公共事业投资。这些投资又进一步增加了土地的级差地租，如地铁口的房价比远离地铁口的房价高出不少。

土地价格上涨又有利于土地金融扩张。土地金融是以土地为抵押向银行贷款，抵押品价格上涨当然有利于地方政府借到更多的钱。所以对地方政府而言，土地财政的主体逻辑是用商住用地的转让金和以土地为抵押的融资补贴工业用地建设和城市基础设施建设；而工业用地吸纳的投资项目和市政建设起到聚集城市就业人口和提高级差地租的作用，反过来抬升地价，增加政府商业用地的出让金收入和土地融资规模。正是在这个互相促进的逻辑中，地方政府既推动了城市化进程，又实现了本地经济的产业化发展和经济增长。

然而，土地财政的逻辑漏洞在于地方政府财政收入越是依赖土地财政，就越要维持土地高价。一旦地价下降，不仅影响土地出让金的收入，最关键的是以土地为抵押的融资体系将崩溃。因此，我们就不难理解，为什么过去20年中国房地产大发展的年代，中央政府数次抑制房价防止房地产过热，而地方政府总表现出更明显的实行房地产宽松政策的倾向。在地方政府出现新的稳定的财政收入之前，中国只能稳房价，而不可能降房价。

三、房地产公司高度金融化：以恒大为例

（一）产业链金融

过去20年房地产成为拉动我国内地经济高速增长的火车头，也成为政府逆周期经济调控的重要工具，其原因在于它的规模足够大——销售额近20万亿元，产业增加值近8万亿元，占GDP的7%左右；产业链足够长——上游牵动工程机械、建材、工业原材料，下游涉及装修、家电家居、物业服务等，多达50多个行业，房地产通过拉动相关产业对GDP增长又贡献近10%。因此，只要政策松绑，货币进入宽松期，市场需求就会释放，房地产开发商增加投资，再沿着产业链上下游拉动整个产业投资和就业的增长。以2020年为例，房地产开发投资占全社会固定资产投资的27.3%，其完全拉

动的投资则占到了全社会固定资产投资的51.5%。

在房地产的产业链条中（见图2-4），房地产开发商负责项目规划、建设施工、项目交付和交易，相当于整个工程的总承包商，向上直接面对地方政府和金融机构，向下面向材料供应商、建筑商、服务供应商，并组织面向业主的销售和售后及物业服务。房地产开发商通过项目开发掌控整个产业链，居于资源分配和协调者的关键地位。

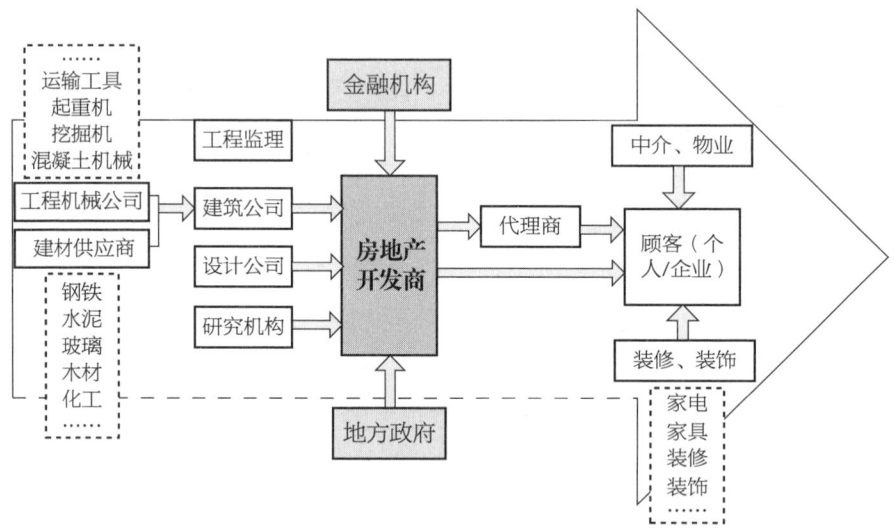

图2-4 中国房地产产业链

正因为房地产开发商居于资源分配和协调者的地位，它们可以将自己的地位优势转化成信用优势，对产业链上下游企业，如建筑承包商、装修公司、园林公司、建材企业、广告公司、承销公司等负债，或者用更熟悉的语言就是"赊账""打白条"。这些上下游公司数量众多、规模偏小、竞争激烈，在与地产商的关系中处于弱势地位，因此不得不接受总承包商的商业信用，经常先垫资干活，再跟开发商讨债。而它们要正常运营往往也是负债经营，也得支付利息，承担着融资成本，却被开发商"薅羊毛"。

这种情况在恒大债务出险后暴露无遗。截至 2022 年 10 月，恒大 2021 年年报和 2022 年半年报均未发布，其最近一次披露的报告截止日为 2021 年 6 月 30 日。这份半年报显示（见图 2-5），恒大净资产（权益总额）约 4110 亿元，负债总额却高达约 1.97 万亿元，接近全国 GDP 的 2%，可见一个头部房地产公司能够把自身信用扩大到何种程度。恒大如此规模的债务是如何产生的？我们先看看它半年报中披露出来的债务结构。

	附注	2021年 6月30日 （未经审核） 人民币百万元	2020年 12月31日 （经审核） 人民币百万元
权益			
本公司股东应占权益			
股本及溢价		4 218	4 635
其他储备		122 980	92 786
保留盈利		63 610	49 480
		190 808	146 480
非控股权益		220 233	203 530
权益总额		411 041	350 431
负债			
非流动负债			
借款		331 726	381 055
衍生金融负债		64	—
递延所得税负债		50 214	53 142
其他应付款项	15	11 771	9 278
		393 775	443 475
流动负债			
衍生金融负债		301	—
借款		240 049	335 477
应付贸易账款及其他应付款项	15	951 133	829 174
合约负债		215 790	185 746
即期所得税负债		165 486	156 856
		1 572 759	1 507 253
负债总额		1 966 534	1 950 728

图 2-5　恒大 2021 年半年报：债务结构

从恒大 2021 年半年报中可见，恒大 1.97 万亿元总负债中有 1.57 万亿元是流动债务，这属于一年内需要偿还的短期债务。其中，0.95 万亿元的短期债务是"应付贸易账款及其他应付款项"，几乎占到恒大总债务的一半，也是恒大的第一大短债。这部分就是恒大借助在产业链上的优势地位，对上下游合作企业的信用债务，足以说明房地产公司利用地位优势，强行扩大产业链信用的普遍性和严重性。

恒大第二大短期负债来源于银行或其他金融机构的借款，规模 0.24 万亿元。这部分银行贷款与恒大向供货商和建筑商的欠款比起来规模不大，但对恒大来说非常重要，原因有二：一是银行贷款的成本很高。根据恒大 2021 年半年报，银行借款加权平均利率高达 9.52%，远高于恒大的总资产报酬率，甚至逼近净资产回报率。对比贸易账款基本是无息的，因此银行借款额不高，但对公司产生的利息压力极大。二是违约银行债务对公司的金融信用影响极大。若不能按时偿还银行借款，恒大不仅不能继续从银行借贷，而且其他形式的信用融资，如发行债券的融资成本会上升，银行代发的理财产品的售卖也会出现困难。

恒大的第三大短期负债即"合约负债"，来源于欠买房人的定金及预收款，规模约为 0.22 万亿元。预付款的问题我们下一节专门讨论。

事实上，2022 年房地产公司爆雷的主要原因在于第一类短债，也就是处于总承包商的房地产公司与其供应商之间的商业信用爆雷。恒大债务问题彻底暴露出来之前，这部分负债带来的影响早已露出端倪，2021 年初众多建筑商和供应商公开表示，由于恒大拖欠尾款不得不停工休整，足见恒大拖欠建筑商尾款的严重性。相对房地产公司，供应商规模较小，抵御风险能力也较弱，房地产公司长期拖欠工程和原材料应付款对这部分企业的流动性打击极大，严重时随时会发生破产。这是房地产爆雷引起经济不稳定的传输链条之一。如若建筑施工单位因债务问题发生停工，就会出现"烂尾楼"，再顺着这条线发展为"断供"潮等社会不稳定事件。房地产连接金融部门和实体部门，又面向购房人，房地产塌方不仅可能引发金融风暴，也会直接冲击实体经济，更会导致社会不稳定。

（二）高周转模式

可能很多人都会疑惑，房地产公司为什么需要这么多债务呢？恒大的债务都用在了什么地方？从恒大 2021 年半年报中，我们看到恒大总资产 2.38 万亿元，其中"开发中的物业"和"已竣工而未出售的物业"两者加起来就有 1.42 万亿元，换言之，恒大的债务其实仍然大量沉淀在项目上。

"截至 2021 年 6 月 30 日，集团总储备项目 778 个，分布于中国 233 个城市，总规划建筑面积 2.14 亿平方米，土地储备原值为人民币 4568 亿元。其中一、二线城市土地储备原值达人民币 3176 亿元，占比 69.5%，平均楼面地价人民币 2653 元 / 平方米建筑面积，三线城市土地储备原值人民币 1392 亿元，占比 30.5%，平均楼面地价人民币 1470 元 / 平方米建筑面积。此外，集团还拥有旧改项目 146 个，其中大湾区 131 个（深圳 62 个），太原 4 个，石家庄 2 个，唐山 2 个，其他城市 7 个。"

恒大储备如此多的土地和项目，一方面是因为前些年房地产行业在房价上涨和行业暴利刺激下的极度自信。只要能贷到款，能拿到市场融资，能有资金回流，就不断扩大投资，以至摊子越铺越大。虽然在房价上涨阶段，储备土地也就是"囤地"能让企业获得地价增长的收益，但是当债务压力过大时，企业也只能尽快建成、尽快出售。一旦项目停工，无法按时交房产生现金回流,用来偿还债务,企业的信用链条就断裂了。这就衍生出我国房地产高周转模式。实际上,投资内地房地产的港商,如李嘉诚等,长期持有房产项目,随着中国房价的暴涨,都能挣得盆满钵满。而内地房地产企业却因高周转模式普遍难以长期持有房产项目,反而陷入了债务危机。时至今日,恒大虽然仍在努力变卖资产偿还债务,但问题在于一、二线城市储备土地还能顺利出手,而三线城市的土地和项目在房地产过剩的背景下要变现并不容易。恒大能否完成"保交楼"的政治任务和达到"三道红线"的财务纪律,仍有待观察。另一方面是因为房地产企业持有很多劣质项目。房地产公司所持很多项目实则是地方政府出让土地时的搭售项目,如产业园、旧房改造、廉租房等,利润率低且回款周期长,这在房地产市场属于劣质项目。地方政府就将其与一些热门土地捆绑出售,房地产企业要拿到热门土地,或者纯粹为了与地方政府搞好关系,就必须接手,于是这些劣质项目也沉淀在房地产企业手中。未来房地产企业要优化资产负债表,这些劣质项目如何解决也是房地产发展后续要解决的重要问题。

不过我们也得对房地产开发商做一下区分。房地产企业中除恒大等民营企业外,还有大量的央企、国企。2020年中共中央和住建部提出管控房企金融风险的"三道红线"——企业剔除预收款后的资产负债率不能高于70%;企业的净负债率不能高于100%;企业的现金短债比不小于1。当年8月,住建部对12家重点房企进行排查,发现三道红线一道未踩的大多是央企房地产公司,保利、中海、华润等,而民营的碧桂园和万科当时踩了一道红线,恒大、融创则三道红线全踩。后面债务爆雷的也是这些杠杆过高的民营房企。在保交楼的任务压力下,地方政府或国有房企可能会接手部分停工项目,扩大它们在产业中的地位,而爆雷的小规模民营房企或就此退出舞台,中国房地产业进入重组阶段。

四、购房者的房产"投资"

中国房地产的供给端形成了"地方政府—房地产商—金融机构"的铁三角,它们共同推动了中国 20 年快速城市化发展和房地产增长。然而房地产的发展最终还得落脚在消费者,也就是购房者身上。本节我们讨论中国的购房者出于什么考虑来购买房产,以及以什么方式来买,支撑了中国巨量的房地产供给。

(一)房产成为家庭财富积累的主要形式

中国人口向城市聚集所产生的居住需求是房地产市场发展的基础性支撑。然而,居住需求可以通过租和买两种方式来满足。从短期来看,租房成本明显低于买房成本,甚至在中国一线城市房价租金比普遍超过 60,也就是说租房超过 60 年的租金支出才与房价相当,这意味着仅就满足居住需求而言,绝大多数人终其一生租房也比买房划算。然而,中国家庭大多选择购买房产,而非租房。2020 年,中国城市住房自有率高达 73%,不仅高于世界平均住房自有率,整体也高于发达国家 60% 的水平,以至改革开放以来我国家庭积累的财富大量沉淀在房子上。据测算,我国家庭房产总市值在 400 多万亿元,在家庭财富总和中占 70% 以上。比较而言,家庭储蓄存款约 100 万亿元,家庭持有股票——包括家庭直接、间接持有的基金、信托、保险、理财等总市值大约只有 40 万亿元。对比其他国家,这种情况十分独特。英美等 OECD 国家的平均房产配置比例在 2021 年是 50.37%,其中德国最低只有 29%;美国是 37%;英国是 45%;西班牙最高,为 58.7%。那么,为什么我国家庭愿意更多地购置房产呢?本节将从文化、经济、社会等多个层面进行分析:

第一，受我国传统文化中的房产观念的深度影响。我国传统观念是头上有房才算家，因此买房是青年男女结婚组建家庭的普遍要求，"成家立业先买房，房价全靠丈母娘"。现在一线城市，除非土著和家境殷实的年轻人，事业单位已很难留住外地普通家庭出身的青年，主要原因就是在一线城市想要以一己之力买房成家遥不可及。

第二，户籍制度的种种限制。城市住房与户口绑定，买房落户是很多控制人口流入的超大和特大城市购房者的现实需求，在超大城市甚至出现了服务落户的周边城市，出现居住地与户籍所在地分离的情况，如一些在北京工作的年轻人在天津买房落户。与户籍相关的还有学籍需求。城市的中小学教育质量往往也与住房绑定，即所谓学区房，只有买了特定区域的房子，孩子才能在某个中小学入学。购买学区房锁定好学校的学籍，是很多有孩家庭买房的首要考虑。

第三，优化居住条件的心理动机。买房与居住条件紧密相关，中国的租房市场十分不规范，除了少数高端公寓，出租屋普遍家居家装条件差，租客权益不能得到有效保护，因此，在大城市租房基本就意味着恶劣的居住环境和随时被要求搬离的风险。

第四，养老储蓄的长远考虑。从国际经验看，那些养老和保险体系偏薄弱的国家，房产在家庭资产中的比例一般偏高，人们会把住房作为养老储蓄性质的资产。中国中等收入家庭在有一定积蓄后一般也购买房产以对抗通胀，使之成为养老保障，甚至城市郊区出现很多养老社区，配置老年活动中心、医院、医护中心、无障碍通道、食堂等养老必备设施，专门吸引居民前往购置。

第五，资产增值的利益追求。在过去的20多年里，商品房价格持续上涨，房产成为中国家庭可选择的为数不多的投资方式。2000—2012年和 2013—2021 年这两个阶段，全国 70 城房产年化收益率分别是 6.1% 和 4.9%；四个一线城市（北京、上海、广州、深圳）房产收益率高达 13.1% 和 8.0%（见表 2-1），均超过同期中国 GDP 的增速。因此，一线城市房产毋庸置疑是优质安全资产，中国家庭经常凑齐六个钱包帮助年轻人在一线城市尽快买房"上车"。除了一线城市以外，即使是其他城市投资房产在过去 22 年的收益率也高于国债和 A 股上证指数。所以对普通老百姓来说，买房确实是为数不多风险较低的投资和储蓄方式。

表 2-1 中国城市房产收益率

	2000—2012 年	2013—2021 年
中国 GDP 增速	10.1%	6.6%
全国 70 城房产年化收益率	6.1%	4.9%
一线城市房产收益率	13.1%	8.0%

数据来源：香帅：《中国财富报告 2022—2023》。

中国家庭热衷于投资房产造成两个困境：一是较高的空置率。三个月以上无人居住的住房定义为空置房，空置房屋面积占房屋总面积的比率称为空置率。根据贝壳研究院发布的《2022 年中国主要城市住房空置率调查报告》，28 个大中城市平均住房空置率为 12%，高于美国、加拿大、法国、澳大利亚和英国，其中一线城市平均为 7%，二线城市平均为 12%，三线城市平均为 16%。国际通行惯例，空置率在 5%~10% 被认为是合理的，说明商品房供求平衡；空置率在 10%~20% 为空置危险区，说明供过于求。基于此，该调查报告数据显示我国二、三线城市及以下存在普遍的供给过剩。特别是中国房地产投资需求旺盛，在过去的繁荣期，地产商炒作了太多概念，如海景房、山景房、养老房、度假村、环城郊区房等，最后留下成片的鬼城、空城。三线及以下城市的过度开发和大量投机产生的空城，将成为未来中国房地产发展面临的一大难题。二是住房成为家庭财富分化的重要推手。当住房成为家庭财富的主要形式时，它也就成为家庭财富分化的重要推手。任泽平团队从第七次人口普查数据推测，当前城镇家庭住房拥有的不平衡程度较为严重，最低 20% 的城镇家庭户拥有约 6% 的住房面积，而最高 20% 的家庭户拥有约 40% 的住房面积。在一、二线城市中，有房和无房成为城市新市民财富分化的重要起点，也是财富进一步分化的加速器，因为无房者还需向有房者租房，给后者支付房租。在城市征地拆迁的过程中，产生了一批拆迁户，手握多套房产，成为靠收租生活的"新地主"。

（二）购房者本质上参与房地产"投资"的预售制

在我国房地产市场中购房者如何购房呢？这里不得不涉及预售制。它是 2022 年烂尾楼业主集体断贷事件中暴露出来的普遍性问题，当前预售制已成为我国商品房销售的最主要方式。2021 年我国期房，也就是以预售方式累计销售面积达 15.6 亿平方米，占总商品房销售面积的 87%。

预售制是指一些期房提前两三年预售，房子尚未建成，业主就不仅为未来的房子支付了首付款，并且从银行贷款，把房价的贷款部分一次性转给开发商，购房者在未拿到房子之前就已背上了巨额房贷并开始偿还按揭贷款。也就是说，在住房还处于开发状态，开发商就拿到了几乎所有房款，而业主支付了房子的所有房款，并将自己置于高额负债的状态。事实上，中国房产预售制是个比较奇怪的存在。因为我们购买一个价值上百万元，搭上未来数十年收入的商品，竟然在只看了销售展示的沙盘和几个精心装饰的样板间的情况下，就签订了购买合同，并在银行的参与下，对其进行了全额支付。这在其他商品市场和其他国家的房地产市场中是很罕见的。那么预售制是如何产生的？其背后的机理到底是什么？

在市场交易中，商品预售也是有的，即购买者按照一定的规则提前锁定商品的所有权。因为是提前锁定，因此需要付出一定的成本；但因为仅仅是锁定，而非实际拥有所有权，因此常见的是支付部分价款，比如30%，待商品完全交付之后，再支付剩余的70%。这也是我们潜意识里认为"房子封顶，银行才能把房贷转给开发商"的原因。事实上，中国房地产的预售制是在业主预购之后，银行给业主一次性提供按揭贷款，并在形同虚设的监管政策之下把贷款拨付给开发商使用。

我国预售制如此操作，是因为房地产开发商和我国房地产是同步发展起来的，而房地产是重资产行业，需要投入大量资金，新生的开发商自有资金不足，再加上开发商从银行的贷款依然不够，只能让认购期房的业主从银行贷款并提前支付给开发商使用。也就是说，让购房者也参与到开发商的信用扩张当中。住房预售制度自1994年引入以来，"大大降低了对开发商的资金要求和房地产市场的准入门槛，同时也逐渐强化了开发商对预售资金的依赖。从开发商的资金来源构成看，自1997年以来，国家预算资金和债券融资几乎已经全部退出。而外资占比也呈现十分明显的回落趋势。与此形成鲜明对照的是，定金和预售款占比则持续上升，并稳定在35%~40%，成为开发商第一大资金来源"。[①]

对商业银行而言，预售制也是它们乐见其成的。商业银行与开发商的利益深度绑定，银行资产中有很高的比例集中在房地产项目上，商业银行要想顺利收回给开发商的贷款，自然希望房地产项目顺利进行，并尽快回款，以

---

① 巴曙松：《房地产大周期的金融视角》，厦门大学出版社，2012年版，第174页。

顺利拿到贷给开发商的本金和利息,因此银行倾向于支持开发商的信用扩张。然而,银行出于自身资金安全和银行贷款集中度的考虑,又不能给开发商过高的贷款,那么把对开发商(to B)的贷款转化为对购房者个人(to C)的按揭贷款,就是银行的合理选择——虽然最后的贷款都是给到开发商手中,但增加了按揭贷款的环节,购房者就分担了银行的资金风险。因为不仅购房者数量庞大,本身能够分散风险,并且个人对住房按揭贷款承担无限责任,只要人还在就得终其一生还债,而企业只承担有限责任,可以通过破产清算核销债务,所以对银行来说,个人住房贷款被认为是最优质、最安全的债务类型。

开发商和银行都有支持预售制的合理性,但预售制的不合理之处在于,开发商会在项目结束时获得利润,银行给开发商的贷款是收取利息的,而购房者参与开发商的信用扩张却给银行支付利息,不过是为了在未来拿到已支付全款本该归自己所有的住房。

预售制中,购房者本质上参与了房地产"投资",非但没有任何收益,反而承担了住房到手之前的开发风险,如延期交付或烂尾楼、价格变化、质量不过关、承诺的服务缩水(特别是配套的医院、商场、学校等不落实,停车位、绿化、物业等降低标准)等。

那购房者为什么会同意这个极不公平的交易呢?其原因主要有两个:一是房地产把购房者承担了一定风险的类似投资行为解释为简单的购买行为,有意消解了针对业主的不公平。二是我国房价持续20年的快速上涨,使购房者认为以现价购买未来房价几乎一定上涨的住房,也是一种类似投资的行为,相对未来的高价,用现在的相对低价购买本身就是一种获益。

然而,房地产开发的风险一旦暴露,或者房价一旦下降,这个交易中的不公平性就显露出来了。在2022年的断供潮中,明明项目已停工,已预售的住房完工遥遥无期，而业主却不仅损失了首付和已偿付的房贷，而且被银行要求继续偿还贷款。

在我国房地产利益相关的6方中，中央把握房地产发展的总进度；地方政府以土地为抓手撬动社会财富，实现工业化和城市化两手抓的目标；房地产开发商用超高杠杆以小博大，成为过去规模扩张最快的企业；金融机构要么与地方政府合作，要么与地产商利益绑定，实现资产扩张，利润水平普遍高于国际同行业；按揭贷款的购房者和房地产产业链中的中小供应商，看似跟着大佬一起在狂欢，其实是在"裸泳"，是房地产中的最弱势群体。城市普通购房者，集齐两三代人的钱包按揭贷款买套期房，实际上是自己付着利息帮助房地产大佬们扩张他们的信用，拿着自己的未来协助银行获益。2005—2022年中国个人住房贷款余额与增速见图2-6。

城市中等收入群体支撑中国房地产20多年一骑绝尘，从无到有成为中国经济的重要组成部分，以至出现"经济房地产化"（经济一旦下行就放

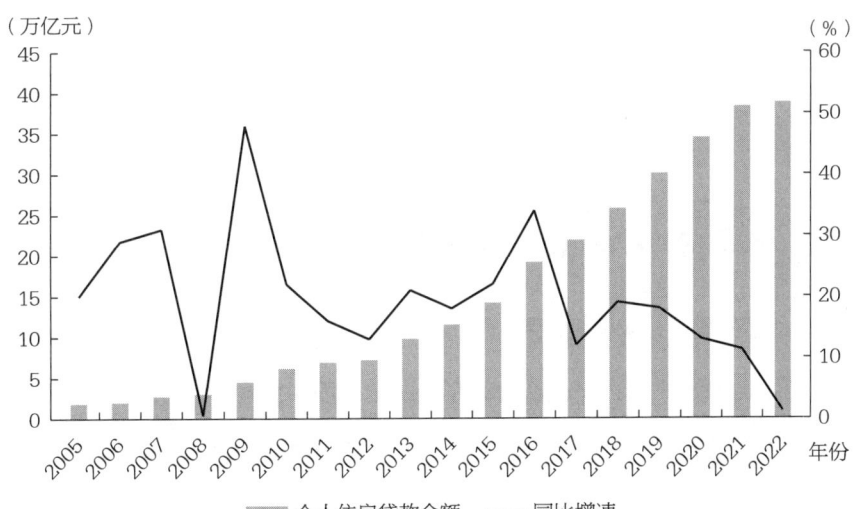

图2-6　2005—2022年中国个人住房贷款余额与增速

数据来源：中国人民银行。

开购房限制)、"地方财政房地产化"、"家庭资产房地产化"(中国家庭 70% 以上的资产为房产,70% 以上的债是房债)、"银行资产房地产化"(按央行最新要求,大型银行房地产贷款和个人住房贷款两项占贷款余额比重上限可达 72.5%),而个人或家庭则抵押了自己数年至三十年的未来。2007—2022 年中国住户部门杠杆率见图 2-7。

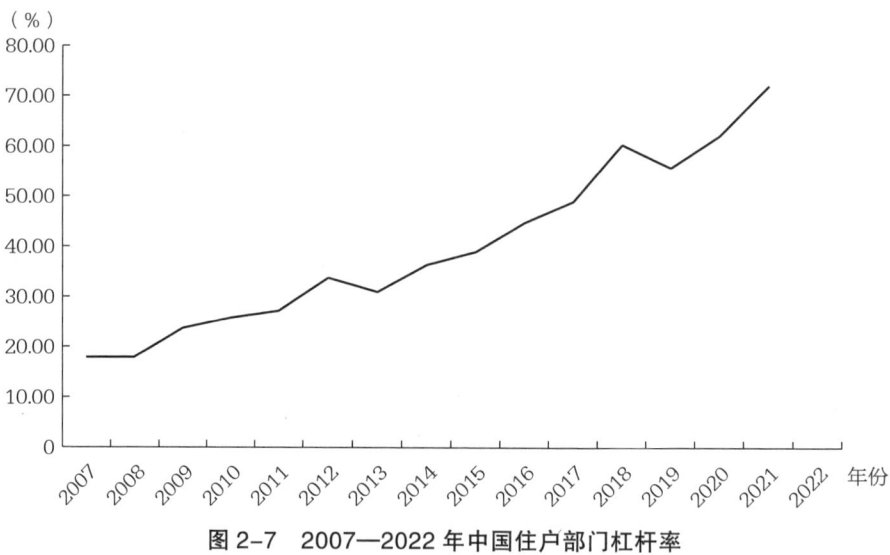

图 2-7　2007—2022 年中国住户部门杠杆率

数据来源：中国人民银行。

五、我国房地产发展的支点：疯狂上涨的房价

阿基米德说，给他一个支点，他能撬动地球。撬动中国规模巨大的房地产，也有一个支点，就是不断上涨的房价。只要房价在涨，所有参与者的行为逻辑都是合理的，所有的机制运行起来都是顺利的。

经济下滑，中央放开限购限贷约束，实行宽松的货币政策，住房销量开始上行，房价上涨；经济过热，收紧限购条件，增加贷款成本，住房销量下行，房价企稳。

为什么一放开限购限贷，住房销量就会上升呢？因为老百姓从过去总结出经验，房价一直是上涨的，即便在政策降温期间，房价只会放缓上涨的速度，而不会改变上行方向。因此老百姓咬紧牙关也要尽早"上车"。

为什么老百姓认定房价不会下降呢？这是由于房价的成本大部分是土地价格，地方财政依赖土地出让金和土地金融，房价一旦下降，地方政府将出现大面积事实上的破产，这在中国是不被允许发生的。因此，中国房价只有涨得快慢的问题，而没有涨不涨的问题。

地方政府为什么依赖土地财政呢？因为在一个国家快速发展期间，政府要调动社会资本，只能先盘活自己的资产。政府最大的资产是什么？土地。土地资源只有用得好不好的差别，没有不动利用土地念头的政府。

面对高企的房价，百姓如何买得起呢？银行来帮忙。银行一手服务于生产，一手服务于消费；一手给开发商增加信用实现供给，一手给老百姓贷款增加购买力。老百姓购买开发商的产品，顺便搭上30年的时间给银行还债。

所以，中国房地产的逻辑从1998年至今，顺利运行了二十多年，原因无他，唯价格始终在上涨。全国商品房平均价格只有在2008年全球金融危机时出现轻微下降，其他包括经济下滑年份，房价都是上涨的。累计起来，20年的时间全国平均房价增长了五倍，一线城市则增长更多（见图2-8），如北京房价从1998年的2000元/平方米涨到2018年的5.9万元/平方米。

于是，核心问题出现了，那就是中国房价为什么一路高歌呢？有货币主义者认为这是通货膨胀现象，也就是货币现象，过去十多年中国货币发行得太多了，表现在房价上就出现相应的上涨。因此，在社会上我们可以看到很多批评国内广义货币量（M2）过度增长的论调。然而货币发行和通货膨胀

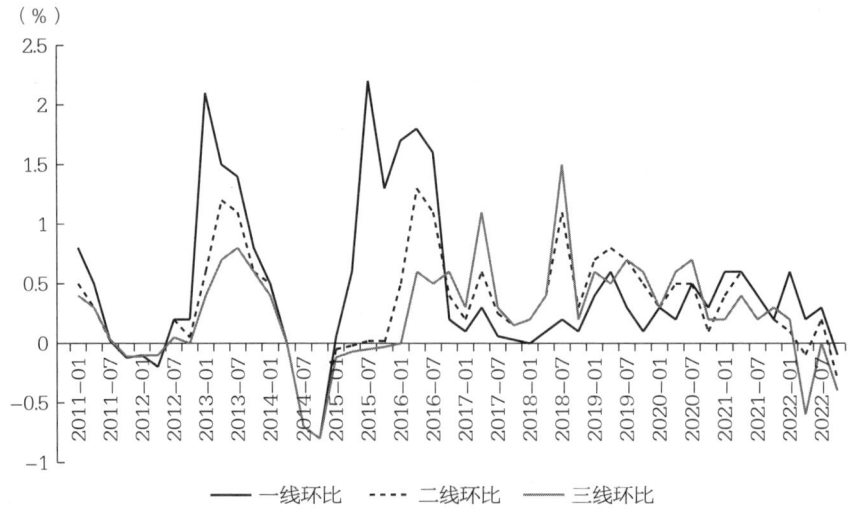

图 2-8　一、二、三线城市商品房价格增速差别

数据来源：国家统计局。

这样对所有商品作用相同的原因解释不了特定商品的价格上涨问题，显然在同样的货币政策下，有些商品价格上涨了，而有些商品价格下降了。我国房价上涨只能在上述部分的各种关系和运作机制中得到解释。

我国房价上涨首要因素是地价上涨。在地方政府的土地财政部分，我们从统计中可知中国房价六成左右来自土地价格。地价过高反映在房价中出现的一个反常现象是，中国新房和二手房的价格几乎没有差别。按照正常情况，房子每年折旧，二手房的价格本该贬值，特别是一线城市的"老破小"若按年折旧，价格本该远低于新房，但它们的价格每年都在上涨。"老破小"价格悍然不动，是因为地价坚挺且占据房价主体，房子本身的折旧不能显著影响房价。那么，中国的地价为何高涨呢？原因有以下 4 个：

（1）我国土地买卖采取的是土地拍卖制度。在地方政府的土地财政部分提到，当年从香港引进拍卖制度是为了改变政府主导的协议出让方式，将土地转让置于阳光之下，避免腐败和灰色交易。但是拍卖制度本身就是"价高者得"原则，土地价格越拍越高。土地拍卖制度会推高地价。

（2）城市土地供给不合理。我国政策性地制造了一线城市土地供不应求的状况。我国严控建筑用地总量指标，同时为了控制大城市的扩张，用地指标又向中小城市倾斜，这就加剧了一线城市土地供应不足的情况，导致一线城市地价越来越高。

（3）城市拆迁成本和土地价格互相促进，形成了价格上涨的正循环。在新增建筑用地指标受限的情况下，城市建设就通过旧城改造实现，即把城市老区存在几十年的棚户区、"老破小"拆掉，建设容积率更高的新楼。旧城改造有两个好处，一是改善市容市貌，或者增加商业区面积，提高单位面积产值，二者都可以成为地方政府的政绩。二是旧城占地本来就是城市建设用地，不占新增土地的指标，便于地方政府直接规划。但是旧城改造面临拆迁补偿问题。在2011年《国有土地上房屋征收与补偿条例》公布之前，拆迁补偿缺少法定标准，经常陷入"按闹补偿"，导致补偿款越闹越高，拆迁成本也越来越高。2011年该条例颁布后，明确规定"对被征收房屋价值的补偿，不得低于房屋征收决定公告之日被征收房屋类似房地产的市场价格"，那么在拆迁地面新建住房的价格就会比原房屋价格更高，更高的房价又成为附近下一轮拆迁补偿的价格标准……拆迁补偿抬高地价，地价推高房价，而房价反过来又提升拆迁成本，不断滚动，互相促进，最终导致地价越来越高。

基于此，城市中严控建设用地指标，总体上形成土地供不应求的市场环境，再加上价高者得的拍卖机制与土地拆迁形成拆迁补偿和地价之间相互促进的正循环，三个机制叠加，城市地价不断上涨。地价是构成中国城市长期上涨的房价的最大板块。

（4）房价的持续长期上涨，也是个金融现象。在很多发达国家，房地产本身被纳入金融领域，所谓金融核心产业（FIRE）——Finance, Insurance, Real Estate, 其中的 "Real Estate" 即房地产。中国房价过去20年的飞涨，与金融的无限透支紧密相关。本章第三部分以恒大为例，可以发现房地产公司已高度金融化，从项目和公司两个层面扩大融资，不仅以极大的胃口储备土地，而且为了获得更高的收益，还囤积土地。这背后是整个金融系统的支持和房地产公司对商业信用的滥用。

从购房人角度来看，居民家庭为了买房、尽快"上车"，也在努力提高家庭的融资能力。根据中国人民银行数据，我国住户部门新增中长期贷款（实际上主要是居民家庭的住房按揭贷款）占当月人民币新增贷款之比，自2008年1月公布该数据以来，平均值高达24.6%，而在2016年4月，该比值达到惊人的77%。除了传统的银行贷款，近年来新兴的各种互联网金融创新工具也显著降低了购房门槛，如P2P平台对购房者提供的具有场外配资性质的首付贷，使事实上的首付比例进一步下降。

房地产公司认为房价会涨，就不断投资地王，囤积土地；居民认为房价会涨，就不惜凑齐六个钱包，透支未来收入购买住房。房地产在这点上与金融市场十分相似，信心值千金，只要所有人都相信房价会涨，那么他们的行为就会助推房价的上涨。

但问题是，房价能一直涨吗？显然不能。当中国房价上涨的基本支撑条件逐渐失效，房价涨到不能再涨之时，房地产的拐点也就来临了。

Chapter 3

第三章
中国房地产业面临全面转型

我国房地产发展的拐点已至。这里的"拐点"并不是指房地产繁荣期中反复出现的荣枯拐点，而是房地产长期发展的基本逻辑发生改变。不论是长期的供求关系，还是我国经济整体转型，抑或是国家政策导向，都清晰地告知人们，房地产已经不可能按照过去二十多年的模式继续发展下去了。新的定位、新的逻辑、新的产业形态、新的供需关系都在形成之中。

一、供需关系视角：我国房地产基本发展逻辑已改变

房地产不论怎样资本化、金融化，住房归根结底是用于居住的商品，在底层逻辑上符合供给—需求关系的变化，中国人口进入下降轨道已彻底改变房地产的市场预期。

（一）人口发展趋势彻底改变市场预期

在上一章我们讨论到，撬动我国规模巨大的房地产的支点，是不断上涨的房价，而房价之所以能保持长达 20 年的快速上涨，其根本原因是这 20 年正是中国快速城市化的发展阶段。从 20 世纪 90 年代中期以来，我国城市化率从 30% 上涨到 2021 年的 64.72%，这意味着近 4 亿人口从农村转移到城市。城市人口暴增，叠加人均居住需求面积的增长，形成的住房总需求给中国房价上涨提供强劲支撑，这也是房地产过去 20 年"买到就是赚到"的根

本原因。然而，时至今日我国人口发展趋势和城市化进程的变化根本性地改变了房地产的供需关系。

第一，我国人口已进入负增长时代，房地产需求端的动力锐减，普涨预期正在瓦解。2023年1月17日，国家统计局公布中国人口数据，2022年末全国人口比2021年末减少85万人，据统计，这是我国人口自1962年以来首次出现负增长（见图3-1）。我国人口进入负增长时代的靴子终于落地。根据国际经验，人口负增长几乎不可逆转，这将成为中国未来发展的基本旋律。按照2022年我国出生人口956万人的现实，即便政府出台更有力的鼓励生育政策，在生育主力人群下降的同时保持出生人口不变，远期中国人口也将下降至8亿左右。

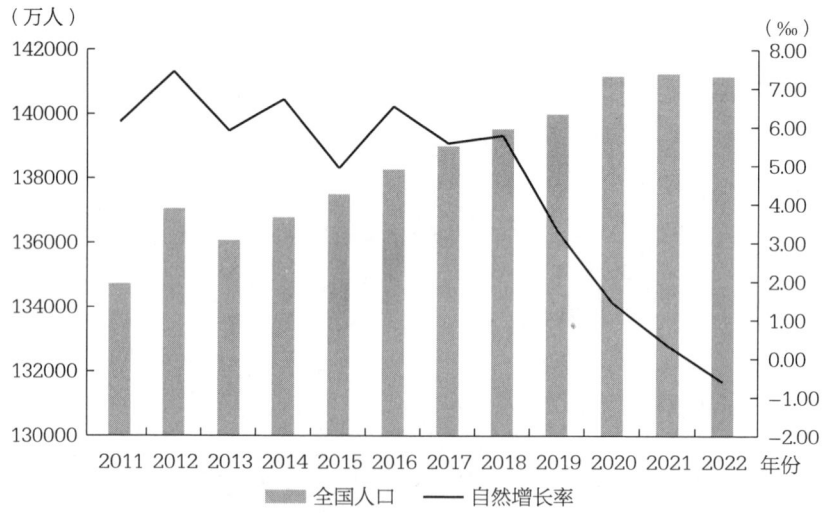

图3-1 中国人口总数和人口自然增长率

数据来源：国家统计局。

"房地产的长期趋势看人口"，人口负增长从以下方面将影响中国房地产的走向。①总人口下降影响对房地产的总体预期，中国房地产已经失去普涨基础。住房的使用寿命在 50~70 年,与成年人口生存年限相当,因此目前足够 14 亿人口居住的住房在未来几乎一定会进入总体过剩状态。知名学者近两年反复强调,我国房地产已绝无可能按照过去的模式发展了。少子化、老龄化的人口发展趋势决定了过去掏空 6 个钱包给孩子买房将演变为老人去世房子无人继承的状况。②人口下降将加剧区域人口分布不平衡。某些区域或城市若能吸引人口流入,那么相应地,其他区域和城市人口将加速流出,这必将造成区域房地产市场发展的不平衡。人口流入城市房地产还有一定的发展空间,而人口加速流出的城市就会出现空城、鬼城。未来越来越多城市的房地产业将"鹤壁化",即人口流出、产业单一、经济脆弱,一套住房只需要 3 万 ~4 万元。③人口老龄化对住房功能提出新诉求。在总人口下降的同时,中国老龄化程度不断加深(见图 3-2)。2022 年我国 60 岁及以上人口占全国人口的 19.8%,比 2021 年增长 0.9 个百分点;65 岁及以上人口占全国人口的 14.9%,比 2021 年增长 0.7 个百分点,这表明我国已进入

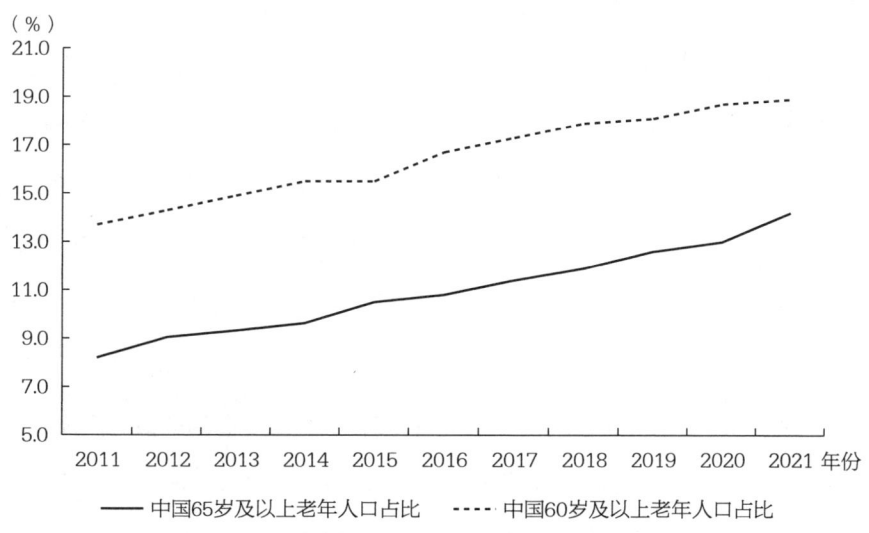

图 3-2　中国人口老龄化程度

数据来源:国家统计局。

中度老龄化社会,且老龄化程度快速上升。老龄化社会将对住房的功能提出新的要求,住房和社区应配备更多的养老设施和提供更多的养老服务。

第二,我国城市化进程行将至顶,房地产发展从增长逻辑进入分配逻辑。截至2022年末,我国常住人口城市化率已达到65.22%,因户籍政策影响,我国这一城市化率对应发达国家70%以上的水平。而发达国家城市化率大多在80%,这就意味着,我国农村人口向城市转移的空间已十分有限。若农村流入城市的人口数量小于原城市人口的缩量,那么城市住房就不是增加多少面积的问题,而是已有住房如何合理分配,让空置住房满足新市民居住需求的问题。

第三,城市住房自有率已达到较高水平,购房需求几近饱和。2020年中国城市房产自有率是73%,从国际比较来看,比全世界大多数国家都高,比美国住房自有化率高64.2%,比日本高61.7%,比德国高46%。也就是说大多数人已经拥有房产,未来购房增量不会太大。根据任泽平团队的测算,2020年中国城镇住房套户比为1.09,一线、二线、三四线城市分别为0.97、1.08、1.12,中国住房整体已经静态平衡。

第四,房价普涨预期的改变本身也将引发房地产投资需求下降。投资的基本逻辑是追涨杀跌,当社会普遍认为未来房价不再上涨时,人们就不再继续投资房产。以研究中国资产市场和指导中国家庭资产配置为主业的前北京大学副教授唐涯(笔名:香帅)于2022年给出判断,未来十年,我国资本市场上基金和股票的年化收益率大概率将超过房产,我国经济增长将由城市化驱动转变为好企业驱动。整体而言,2022年之后,包括大城市在内的中国房产将不再被视为优质安全资产。换言之,从收益率的角度看,未来投资房地产的收益将低于优质企业股权的收益率,从安全性的角度看,2022年一些城市房价已出现超过10%的回撤,未来房价回撤幅度将变得更不可控。因此,过去中国家庭投资房产产生的买房需求将大幅下降。

当然，我国房地产也并不是没有任何的发展空间，就以上改变未来房地产发展趋势的四个因素中，也都隐藏着房地产增长的新空间，只不过它不会再像过去那样给房地产带来普涨且猛涨，而是细小的且需要深入挖掘的发展空间。

就人口因素而言，家庭规模缩小将对住房产生增量需求。虽然人口总量对房市的影响是负向的，但一个国家的住房需求也与家庭规模高度相关。自新中国成立以来，我国家庭规模的总趋势一直在不断缩小，过去三世同堂甚至四世同堂的大家庭日益分裂为核心家庭，即夫妻加上未成年子女的2~4口之家。表3-1是中国历次人口普查的家庭规模。随着结婚率和生育率下降，我国"单人户""两人户"数量日益增长，若未来家庭规模持续缩小，那么总人口下降的同时，家庭数量仍或将出现小幅度增长，新增家庭会对住房产生一个增量需求。

表3-1 中国历次人口普查的家庭规模

年份	家庭平均人口数
1953年"一人普"	4.30人
1964年"二人普"	4.29人
1982年"三人普"	4.41人
1990年"四人普"	3.96人
2000年"五人普"	3.44人
2010年"六人普"	3.10人
2020年"七人普"	2.62人

数据来源：国家统计局。

就城市化因素而言，一、二线城市仍具有很强吸引力。尽管总体上城市化空间收窄，但从发达国家经验来看，人口依然会进一步向大城市集中，那里有更多的就业机会、更便利和更丰富的生活服务，如日本超过一半的人口集中在东京、名古屋、大阪三大都市圈，其中东京都市圈更是聚集了接近30%的人口。因此,我国房地产未来分化的趋势将进一步加剧,房地产下滑的压力主要集中在三、四线城市,而一、二线城市只要放开限制政策,就挡不住人口的进一步流入,实际上,随着城市老龄化程度加深,各大城市限制人口的政策已经松动。自2018年开始,上海逐步放宽落户限制,2021年又推出"在新城和自贸区新片区就业的上海市应届研究生毕业生符合基本条件可直接落户"的政策,引导新市民向新区和卫星城分布,代替之前单一的封堵政策。

就房产的投资需求而言,以房养老仍是房产增长的一大引擎。只要中国资本市场的改革不到位,社会基本保障和福利体系尚未全面建立,资本投资对普通老百姓而言仍有较高门槛,那么我国仍有较高比例的家庭宁愿接受资产的小幅缩水,也可能更倾向于将家庭财富投资在房产上以作养老之需。

总体而言,中国人口已进入下降通道,严峻的人口形势已经彻底改变了市场预期,我国房地产将长期进入增长乏力状态。毋庸置疑,我国城市房地产大规模建设阶段已经结束,房地产已从创造增量时代转向经营存量时代。

(二)房价过高已失去购买力的有效支持

推动房地产市场规模扩大的实则是两个动力,一是房地产建筑面积的增加,也就是作为住房商品的数量的增长;二是房价的上升,也就是单价的增长。商品数量和单价同时增长,推动房地产市场的快速膨胀。人口下降对房地产的影响直接作用在商品数量上。因此,是否存在一种可能,即商品数量不增长,但单价增长,也就是新房市场萎缩,但二手房市场规模在价格的带动下仍然增长呢?实际上这种情况不大可能,因为中国房价已经过高,逐渐失去了购买力的有效支撑。

虽然某些经济学家坚持认为中国几个超大城市的房价跟纽约、伦敦、东京等国际化大都市的房价相比还有很大的上涨空间,然而房价高不高不是看它的绝对值,而是相对收入而言。

若以房价收入比(城市商品房均价/家庭户均收入)为指标做横向对比,其实中国大城市的房价收入比早已全面超过发达国家。根据NUMBEO网站2022年6月的数据(见表3-2),伦敦、纽约、东京的房价收入比在10~16,而美国的波士顿、洛杉矶都不超过10,这意味着按照这些城市房子的均价,一个家庭积累10年左右的户均总收入就可以买到房子。而我国上海、北京、深圳几个一线城市的房价收入比都在40以上,即一线城市的家庭平均需要积累40年的收入才能买一套房。一般二线城市,这个数值在20左右。总体而言,我们的房价相对收入已经高得离谱,除非房屋置换,否则普通家庭的收入难以支撑继续上涨的房价。因此,有学者指出未来我国大城市商品住房市场将出现有价无市的情况,因各种原因房价难以出现明显下跌,但成交量将缩减,有能力购房的年轻人和家庭在减少。

表3-2 各国房地产价格指数(2022年6月)

国家/城市	房价收入比	城区房价租金比	城郊房价租金比	抵押贷款收入比	负担能力指数
中国/上海	47.04	58.75	59.46	373.18	0.27
中国/北京	46.02	59.97	59.87	365.65	0.27
中国/深圳	42.37	94.53	74.68	336.03	0.30
中国/香港	42.59	61.94	56.68	266.62	0.38
新加坡/新加坡	17.66	35.01	24.64	111.19	0.90
法国/巴黎	20.99	39.84	41.07	123.16	0.81
日本/东京	12.91	34.75	35.59	72.12	1.39
英国/伦敦	15.94	30.47	23.08	103.77	0.96
美国/纽约	10.16	16.97	18.01	82.09	1.22
美国/波士顿	8.35	18.42	15.07	66.08	1.51
美国/洛杉矶	7.08	17.02	13.99	56.65	1.77

数据来源:NUMBEO网站。

从发展的时间线来看，我国人均可支配收入与商品住房价格的比值，也就是年收入可购买的住房面积的转折点出现在 2014 年（见图 3-3）。2014 年以前，虽然房价在涨，但人均收入增长速度相对更快，因此年收入可购买住房面积在增长；2014 年以后，房价涨幅大于收入涨幅，每年收入可购买的住房面积持续回落。这意味着，普通家庭若在起点买不起房，那么将越来越买不起房。

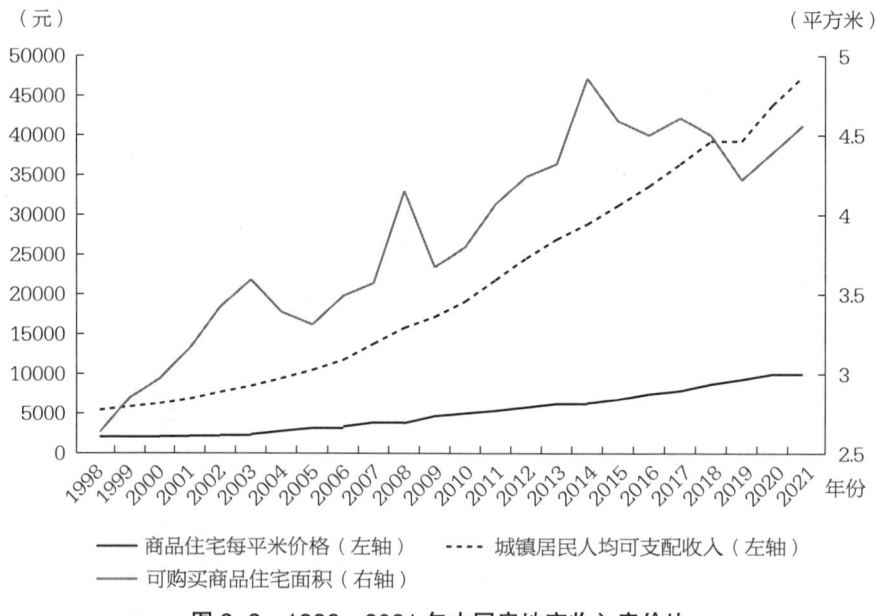

图 3-3　1998—2021 年中国房地产收入房价比

数据来源：国家统计局。

这种趋势对社会发展而言是致命的。在过去，社会鼓励年轻人，虽然你现在买不起房，只要努力工作，未来收入增长了，就一定买得起。然而 2014 年之后，年轻人即便再努力，收入的增长也赶不上房价上涨，那么买房对普通家庭出身的年轻人就变得遥遥无期。这种状况让努力工作失去了意义，年轻人能不能买得起房在起点就决定了。这是近些年中国年轻人中

"丧"文化、躺平文化盛行,甚至出现深圳"三和青年"(工资日结,干一休三,身无积蓄,无欲无求,不问前程,不想未来的年轻人)的重要原因。在看到中国房地产过去20年快速发展取得城市建设成绩的同时,一定要意识到高房价对社会发展和社会价值观产生了严重的负面影响。

实际上,当我们跳出供需关系,从社会发展角度去理解中国房地产基本增长逻辑的变化,本质上是房地产在中国社会发展中的地位已经发生质变。

在快速城市化阶段,政府需要投入大量资本进行设施建设、发展经济,只能把自己部分核心资产——作为生产要素的土地——资本化并将之转让,获得对城市的投资能力,并通过投资使土地进一步增值,进而获得更大的投资能力。政府在这个过程中撬动了大量的社会资本,共同推动城市经济发展,完成工业化的发展任务。当然在这个过程中出现了各种乱象,如过度金融化、高房价、食利阶层等,这些现象和矛盾实质上是土地资本化过程中产生的利益分配不均所致,属于派生性问题。土地资本化是社会发展处于资本稀缺阶段时最有效的资本动员手段。

笔者十年前参与地方政府咨询项目时,对此体会颇深。地方政府想要发展某个产业,前期得做一些必要投资,然而财政有限,它们大多面临"钱从哪里来"的难题,只能先出让土地获得初始资金,或者直接划出一片土地吸引大型综合地产商来做基础设施建设,再抬高地价,这样转让后地方政府就能获得更多的资金,让项目持续运转下去,于是地方政府就有了后续的可持续发展经济的能力。

在政府对土地资源资本化运作的基础上,催生了过去二十多年蓬勃发展的房地产业。随着城市化接近尾声,政府不再迫切需要土地承担资本的功能,尤其是不需要土地增值以扩大政府投资,这时房地产就应蜕化为一般商品生产型产业。特别是住房本身属于民生类产品,在中国这一社会主义国家，更应具有公共事业属性，未来政府应按照这一属性来重新规范房地产的产业形态。

二、经济转型视角：房地产与新时代国家发展目标相悖

党的十八大报告提出中国特色社会主义发展进入新时代，我国发展的内外环境与此前三十多年发生重大变化。外部世界政治经济格局面临百年未有之大变局，地缘政治冲突此起彼伏，全球化时代建立的供应链体系的不确定性急剧增长；改革开放以来出口在我国经济增长中充当重要动力，而逆全球化的盛行必然要求经济增长动力轮换。疫情的暴发加剧了全球供应链的不稳定性，加速了世界格局的转变，因此2020年中共中央提出构建"以国内大循环为主体、国内国际双循环相互促进的新发展格局"，也就是在坚持对外开放的同时，构建内部经济循环，以内需作为经济增长的发动机。

在新时代，我国经济社会转型成为重要的时代特征。2015年12月，中央经济工作会议提出"供给侧结构性改革"，围绕经济发展提出了一系列宏观导向性概念和发展目标，特别是党的十九大以来我国社会发展进入加速转型期，经济领域一些重要的变化已经发生。在这一背景下，房地产或早或晚必将进入转型行列，这是因为房地产过去的发展模式与宏观经济社会转型相悖。

党的二十大报告中有两段话十分重要，为中国未来经济发展提出基本思路和核心课题：

"高质量发展是全面建设社会主义现代化国家的首要任务。发展是党执政兴国的第一要务，没有坚实的物质技术基础，就不可能全面建成社会主义

现代化强国。必须完整、准确、全面贯彻新发展理念，坚持社会主义市场经济改革方向，坚持高水平对外开放，加快构建以国内大循环为主体、国内国际双循环相互促进的新发展格局。

我们要坚持以推动高质量发展为主题，把实施扩大内需战略同深化供给侧结构性改革有机结合起来，增强国内大循环内生动力和可靠性，提升国际循环质量和水平，加快建设现代化经济体系，着力提高全要素生产率，着力提升产业链供应链韧性和安全水平，着力推进城乡融合和区域协调发展，推动经济实现质的有效提升和量的合理增长。"①

这两段话明确提出，全面建设社会主义现代化国家——这是中国共产党第二个百年奋斗目标，也是中国未来近三十年的奋斗目标，其首要任务是实现高质量发展。那么，何为高质量发展？就是用新的发展理念来指导国家发展。而实现高质量发展不仅要在供需两侧同时发力，需求侧扩大内需并促进消费升级，供给侧深化结构性改革实现产业升级，并且使二者结合起来增强国内大循环的内生动力和可靠性。同时，政府也要推进城乡融合和区域协调发展，这是解决新时代中国社会主要矛盾——发展"不平衡不充分"的方法。

中国新时代主要发展任务、发展理念、发展方法，是中国所有产业未来制定发展方向所参照的坐标系。作为深受政策影响的房地产，自然应关照和响应国家的发展战略，按照国家导向检查本行业是否与国家发展的新征程同向而行。凡是与国家发展相悖的，都将进入产业转型的轨道。很显然，过去20年中国房地产所形成的运行机制和利益格局与中国总体发展方向并不吻合。

---

① 习近平：《高举中国特色社会主义伟大旗帜　为全面建设社会主义现代化国家而团结奋斗——在中国共产党第二十次全国代表大会上的报告》，中华人民共和国中央人民政府网站，http://www.gov.cn/xinwen/2022-10/25/content_5721685.htm。

（一）与高质量发展目标相悖

2017 年，中国共产党第十九次全国代表大会首次提出中国经济由高速增长阶段转向高质量发展阶段。高质量发展是以新的发展理念为我国发展培育"新动力"、拓展"新空间"，推动我国发展朝着更高质量、更有效率、更加公平、更可持续、更为安全的方向前进。

新的发展动力是什么？是创新，就是从过去主要靠传统要素——土地、劳动力、资本的投入产生增长转向创新性要素（如技术、数据的生产和投入）以及对生产要素进行新组合（如新型商业模式、新型组织方式等）带动经济增长。很显然，创新需要大量资源投入，而中国经济房地产化，房地产业占用了中国相当一部分资源。2021 年房地产占 GDP 的比重约为 7%，绑架的资金量达到 27%~28%，在新增贷款中的比例更甚，工农中建交等主要商业银行，新增贷款的 70%~80% 都与房地产有关。房地产吸引大量资金涌入，导致实体经济没有资金可用，尤其是作为创新型企业的中小企业难以从商业银行筹措到资金，只能向小贷公司借贷，融资成本极高。曾几何时，一些中小型创业公司抱怨，公司一年的利润抵不上在一线城市炒几套房的收益；一些科创板公司为了让年报数据好看，不得不出售公司房产增加利润；也有处于破产边缘的创业老板不得不变卖个人房产，维系公司运营。

发展房地产不可能实现社会主义强国目标。第二个百年奋斗目标只有增加技术投入，实现技术突破，全面提高社会生产效率，增强我国产业的国际竞争力才有可能实现。现在，迫切需要将房地产占用的资源导向创新领域。

这也并不是说未来中国房地产业在规模上一定会萎缩，住房自然折旧产生的维护和更新、基于居住需求形成的生活服务业、部分城市人口流入产生新的居住需求等因素，将使中国房地产维持一定的规模，只不过房地产业绝无可能再创造出过去 20 年那样的增长，因此，它也自然不需要过多的资金、土地、劳动力等生产要素的投入。

（二）与构建以内循环为主体的经济发展格局相悖

自 2018 年中美贸易战、2020 年疫情暴发和 2022 年俄乌冲突以来，全球供应链屡遭冲击。特别是地缘政治风险的上升，全球化以来形成的供应链、产业链全球布局的观念已经扭转，各主要经济体都在着眼于调整供应链。供应链去中国化是西方国家调整的核心内容。面对这一变局，中国也将供应链安全提升至国家安全的高度。2020 年，我国正式提出构建"以国内大循环为主体、国内国际双循环相互促进"的新发展格局。

国内大循环，即社会生产、消费、分配和流通主要在我国内部实现，顺利运转的关键在于国内需求能接得住我国巨大规模的生产。党的十八大之后，我们常说中国有世界上规模最大的中等收入群体，他们的潜在消费能力将代替投资成为我国经济增长的关键动力。党的十九大提出，我国社会主要矛盾已经转化为人民日益增长的美好生活需要和不平衡不充分的发展之间的矛盾，人们预测我国将出现消费升级，推动社会经济的发展。然而，我国中等收入群体的消费潜能时至今日依然没有得到充分挖掘，而消费升级也未到来，反而有了消费降级的苗头。

长期以来，我国最终消费率和消费对 GDP 增长的贡献与发达国家相比一直处于较低水平，近三年甚至有下降趋势。消费水平低的根本原因自然是收入低。中国人均可支配收入在人均 GDP 中的比值是 45% 左右（见图 3-4），比较而言，美国人均可支配收入在人均 GDP 中的比值是 75% 左右，2020 年因为疫情政府派发消费券，美国人均可支配收入与 GDP 的比值历史性地上升到了 85.53%。

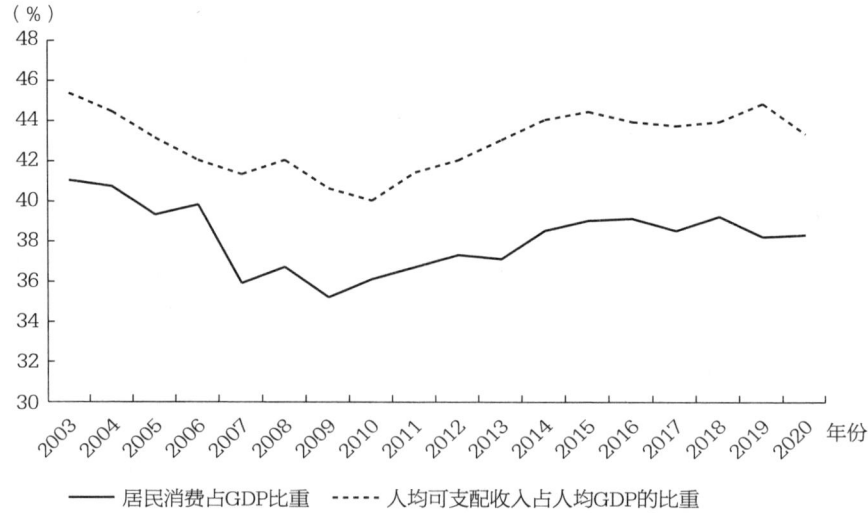

图 3-4　2003—2020 年中国居民消费占 GDP 比重和人均可支配收入占人均 GDP 的比重

数据来源：国家统计局。

在中国城镇居民有限的消费中，居住支出的增长极快，在消费中的占比逐年增加，从 2003 年的 15.1% 上升到了 2021 年的 24.4%（见图 3-5）。

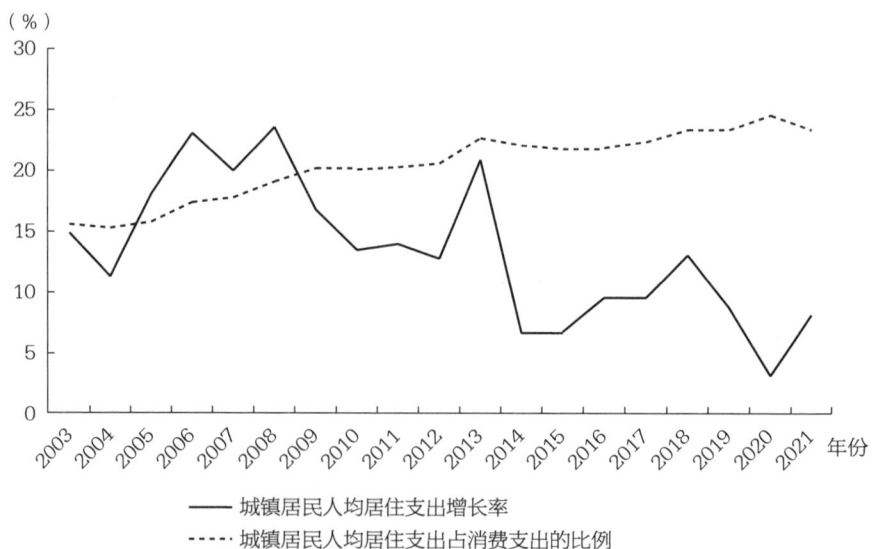

图 3-5　2003—2021 年中国城镇居民人均居住支出增长率及其占消费支出的比例

数据来源：国家统计局。

同时，2020年我国居民部门的"债务余额/可支配收入"为137.9%，"债务还本付息额/可支配收入"高达15.0%，也就是说，可支配收入中的15%要用于偿还贷款。因此，在人均3.5万元的可支配收入中，真正可以拿出来消费的部分，其实远没有想象中多。在北京、上海、深圳等一线城市，情况更加严重，平均的购房抵押贷款与平均月收入之比超过300，远远高于欧美等发达国家（见表3-3）。一线城市的所谓中等收入家庭的消费能力往往被沉重的房贷压力挤压在很低的水平，他们坐拥千万元房产，却过着贫民式的生活。在这种情况下，中等收入阶层的潜在需求无法转化为有效需求，这也就导致我国经济内部大循环难以畅通。

构建中国内部大市场，迫切需要提高国内中产家庭的消费能力，这也就必然要求降低他们的居住成本，让他们有更多的资金用于科技产品、现代服务、文化娱乐等方面的消费，真正实现消费升级。

表3-3 各国房地产价格指数（2022年6月）

国家/城市	房价收入比	城区房价租金比	城郊房价租金比	抵押贷款收入比	负担能力指数
中国/上海	47.04	58.75	59.46	373.18	0.27
中国/北京	46.02	59.97	59.87	365.65	0.27
中国/深圳	42.37	94.53	74.68	336.03	0.30
中国/香港	42.59	61.94	56.68	266.62	0.38
新加坡/新加坡	17.66	35.01	24.64	111.19	0.90
法国/巴黎	20.99	39.84	41.07	123.16	0.81
日本/东京	12.91	34.75	35.59	72.12	1.39
英国/伦敦	15.94	30.47	23.08	103.77	0.96
美国/纽约	10.16	16.97	18.01	82.09	1.22
美国/波士顿	8.35	18.42	15.07	66.08	1.51
美国/洛杉矶	7.08	17.02	13.99	56.65	1.77

数据来源：NUMBEO网站。

(三)与共同富裕发展目标相悖

自 2020 年底我国圆满完成精准扶贫宣布全面建成小康社会之后,党中央紧接着提出了共同富裕的发展目标,强调中国式现代化是共同富裕的现代化,中国改革开放从允许和支持"一部分人先富起来"进入"先富带动后富,最终实现共同富裕"的发展阶段。2021 年 6 月中央人民政府选定浙江进行共同富裕先行示范区的建设工作。可以预见,在浙江共同富裕示范工作取得一定进展,摸索出一些行之有效的方法以后,共同富裕将向全国推广,以实现到 2035 年"全体人民共同富裕取得更为明显的实质性进展"的总体目标。

显然,我国房地产过去的发展模式与共同富裕目标是相悖的。在市场化住房体制改革以后,多数城市居民变成了住房所有者。随着房价上涨,房产事实上成为划分中国社会阶层的重要标准。这是因为房产是广大居民的重要财产,或称为资产,出租和出售房屋成为居民盈利的重要手段,一个家庭拥有房产的数量、面积、市值、档次、配套等在现实生活中也就成了评判这个家庭社会经济地位的重要指标。有房者,家庭财富始终在增长,搭上了中国城市化发展和房地产爆发式增长的顺风车;若拥有两套以上住房,且有空闲住房出租者,可以获得一笔相当可观的租金收入,成为城市食利者;若拥有一套自有住房,在大多数人眼中意味着获得了成家的基础乃至人生新起点,从此在城市有了安身立命之所;若在大城市工作而未购房的年轻人,首付已逐渐超出大多数家庭的支付能力,收入又大多赶不上房价上涨,这些年轻人成为城市的边缘人群,难以在城市安居乐业。

房产不仅在经济上具有社会分层的意义,而且也有社会地位的象征意义。学者李强认为,住房也"具有了地位符号和地位象征的含义"[1]。住房位

---

[1] 李强:《当代中国社会分层》,生活·读书·新知三联书店,2019 年版。

于某一地域占有一定的空间,因此与周围的环境相联结,联系着诸多的可及资源,从而产生了环境资源优劣的差距。比如,在北京市中心拥有一套哪怕面积很小的房产,都可以连接到附近的景区公园、顶级医院、最优质的学校、博物馆、商贸中心……于是,住房由于其空间特征具有标识身份的意义。相似地位和相似身份的人居住在同一个区域,相近的消费水平、相似的生活模式、共享周边服务,又构筑出社区的差异性,如所谓富人区与穷人区、码农区与回迁区的不同。

总之,由于我国房地产爆发式增长和房价的高企,城市社会中逐步出现了以住房为主体的财富分化,房产甚至已代替职业成为新的社会阶层划分的标准,而后者正是著名社会学者陆学艺在20年前提出的中国社会十大阶层划分的重要指标。

共同富裕目标的实现,不仅要求从缩小财富差距的角度对我国房地产业实施改革,而且要求从弥合社会阶层割裂的角度,改变目前住房社区"可及资源"的巨大差距,以及社区空间的封闭和分离。

三、新发展理念指导模式转型

我国各行各业的发展都要契合国家发展战略,符合国家政策导向。进入中国特色社会主义新时代,我国未来近30年将以建成社会主义现代化强国,实现中华民族伟大复兴为目标。为实现这个目标,党中央提出要推进高质量发展,要构建"以国内大循环为主体、国内国际双循环相互促进"的新发展格局,共同富裕要取得实质性进展等系列要求,这些新的要求是房地产业转型所参考的新的目标体系。

2016年中央经济工作会议提出"房住不炒"基本原则和构建"长效机

制"，2021年中央经济工作会议提出了房地产行业要"探索新的发展模式"，2022年中央经济工作会议提出"推动房地产业向新发展模式平稳过渡"，这表明中央对房地产业的要求已十分明确，就是向新发展模式过渡。

新发展模式要符合新发展理念，且要"完整、准确、全面贯彻新发展理念"。那么，何为新发展理念？创新、协调、绿色、开放、共享。创新是引领发展的第一动力，注重解决发展动力问题；协调是持续健康发展的内在要求，注重解决发展不平衡问题；绿色是永续发展的必要条件和人民对美好生活追求的重要体现，注重解决人与自然的和谐问题；开放是国家繁荣发展的必由之路，注重解决发展内外联动问题；共享是中国特色社会主义的本质要求，注重解决社会公平正义问题。对房地产业来说，深刻贯彻新发展理念，要把五大理念与房地产具体业务相结合，落实到房地产新发展模式当中。

创新：坚持创新才能为房地产业发展注入新的活力。创新既包括技术创新、业态创新，也包括组织创新。技术创新角度，为新能源、新材料、物联网、数字化、信息技术、人工智能、机器人、城市农业等新兴技术提供应用场景；业态创新角度，发展租赁住房、互助养老、新零售、文旅、仓储等新业态；组织创新角度，探索新的社区组织方式、邻里互助模式、物业运营模式等。

协调：协调房地产业与关联要素之间以及房地产内部之间的关系，使各方协调发展。房地产需要协调的关系主要包括：房地产与金融的关系、房地产业与实体经济的关系、房地产业与城市发展的关系、不同区域房地产之间的关系、房地产中商品房与保障房之间的关系、商品房中租售之间的关系、房地产新老模式之间的关系等。

绿色：以人与自然和谐共生为价值导向，以绿色低碳循环为原则，对房地产业发展形成生态硬约束。房地产业发展的土地规划符合生态要求，不破坏自然资源、不破坏人文环境；使用绿色环保材料，提高新能源使用比例；垃圾分类、污水处理、环境绿化、区域内动植物保护，构建微区域的生态循环。

开放：资本和人口的高流动性是未来经济社会发展的基本特征，这要求房地产业提升其开放性。围墙式、门禁式的封闭小区转向开放式小区的管理如何进行；外来人口如何高效、方便地融入社区，人口流出后房产如何维护；社区资源如何对外开放，外部资源如何引进；开放式活动如何组织。从资本开放的角度看，房地产业应重点考察这些问题：外资和外商如何进入房地产业，程度和范围如何设定；中国房地产企业和资本如何对外投资；海外企业的先进经验如何学习；如何提高中国房地产企业和资本"走出去"的水平。

共享：通过房地产业利益共享促进社会公平。增加租赁住房和保障性住房，解决新市民的住房；进行房地产税收改革，通过二次分配调节财富分化；探索房地产权益改革，发展多种混合所有制形式；推动金融创新，通过公募REITs等工具帮助民众共享房地产增长带来的收益等。

伴随我国社会发展进入新时代，房地产业面临全面转型。在快速城市化阶段，房地产业提供住房增量，城市化进入尾声，房地产业转向经营存量；前一阶段，房地产业服务中国工业化和城市化进程，后一阶段，房地产业要与社会主义现代化强国建设同向而行；增量阶段，发展是硬道理，存量阶段，需要转向新的发展理念，构建新的发展模式。

Chapter 4

第四章
房地产发展的国际经验

第四章 房地产发展的国际经验

全球各个经济体的房地产发展历史和房地产制度组合差异极大，为我国房地产业发展提供了丰富的观察案例。在讨论我国房地产业未来如何发展，如何构建新发展模式时，我们首先梳理国际上几个具有代表性的国家和经济体的房地产业发展案例，从中总结经验和教训，借他山之石以优化我国房地产发展思路和制度构成。

一个国家房地产业所呈现出来的形态，首先取决于这个国家如何定位房地产，是为了让房地产带动经济增长，作为发展经济的手段？还是把房地产业作为解决百姓居住需求、保障基本民生、维护社会稳定的公共事业？定位不同会产生截然不同的房地产观念和制度手段。这是德国房地产和美国房地产出现差别的重要原因。在房地产发展中如何平衡政府和市场之间的关系，是政府主导，还是市场主导，决定了房地产基本的产业面貌。这是同为城市型经济体的中国香港和新加坡房地产相区别的原因。人口负增长和老龄化是我国房地产发展将面临的最重要背景，而日本比我国早 15 年进入人口负增长的时代，日本人口流动趋势和相应的房地产发展变化是我们未来的重要参考。本章选取了以上几个国家和经济体的房地产案例，在比较中梳理各自政策的利害得失，厘清中国内地房地产发展的基本思路。

一、房地产的定位决定房地产政策

我们先以美国和德国的房地产业为例，观察它们对房地产的定位不同时，采取的迥然相异的支持政策，以及产生的不同结果。

（一）长期价格稳定的德国房地产

纵观全球，近几十年主要发达国家基本都经历了房价飙升，或深受房地产泡沫导致的房价大升大跌之苦，而德国却保持了房价的长期稳定，在一众国家之中犹如异类。

德国房地产最显著的特征就是房价合理并长期稳定。根据国际清算银行的数据，在2000—2022年的二十多年间，德国商业住房价格指数只上升了59%，且前15年价格指数几乎没有增长，房价增长主要集中在2011—2017年欧洲经济危机比较严重的时期（见图4-1）。考虑到德国人均收入水平，德国房价更显低廉，其房价收入比远低于其他发达国家。德国几十年未发生过严重的房地产危机，相较于美国2007年爆发的次贷危机、日本1991年的房地

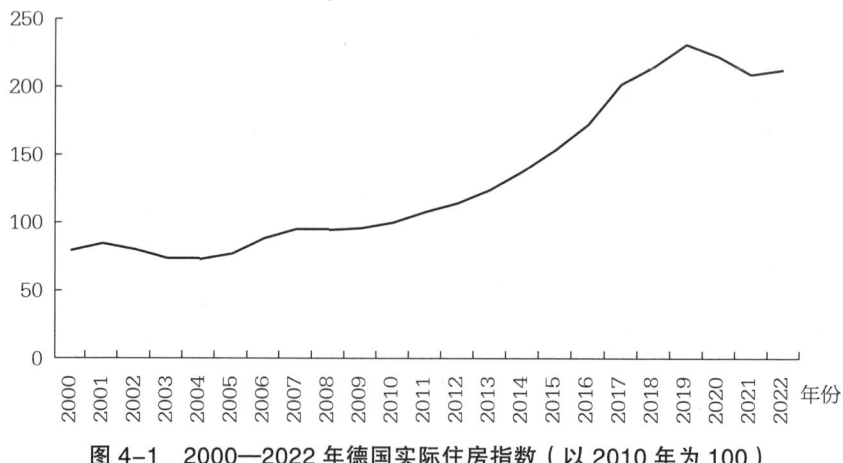

图 4-1　2000—2022 年德国实际住房指数（以 2010 年为 100）

数据来源：国际清算银行。

产泡沫破裂、东南亚1998年的金融危机前的房地产泡沫形成到最终破裂，德国房价可以说是稳若磐石。

德国房价长期保持低水平且相对稳定，与德国政府对房地产的定位密切相关。德国以高端制造业立国，经济在欧盟中一直居于核心地位，因此德国政府始终没有过多强调房地产在经济中的重要产业或支柱产业的地位，而是把房地产看作国家社会福利体系的重要组成部分，以满足德国民众的居住需求为导向来制定房地产相关制度。

德国以银行为核心的金融体系与英美以金融市场为核心的金融体系有所不同，央行（后来的欧洲央行）强调物价稳定、就业充分、经济平稳，在发行货币时长期自律，严控信贷和杠杆水平。在住房售卖上，德国也始终保持克制的金融政策。德国的首付比例通常在20%~30%，这与美国房地产实际上可实现的零首付相比，处于较高的水平。相应地，德国居民住房贷款就处于相对较低水平。

德国住房金融中，住房储蓄银行扮演着重要角色，这是一种互助社团的形式，要求参与者先按月存储一定数额，达到存款期限时，就可以从储蓄银行贷款，贷款上限一般是存款的两倍。住房储蓄银行专业经营，资金封闭循环，接受政府严格监管，提供长期固定低利率。在德国，大约50%的购房者使用住房储蓄贷款购置房产，且不少年轻人较早就通过住房储蓄银行为未来买房进行储蓄。截至2020年，德国共有19家住房储蓄银行，其中8家为公营性质，一般由州政府组建，业务范围往往限定于本州或周边区域；私营住房储蓄银行11家，采用股份公司制，业务延伸至全国范围。住房储蓄银行的普及在德国形成了提前为买房进行储蓄的习惯，且限制了居民住房贷款的杠杆水平。

首都柏林是德国人口数量第一的城市，根据NUMBEO网站统计，该市的房价收入比仅为10.89，买房贷款与月收入比为66.69，也就是说德国居民买房贷款只有五年半的平均收入，而上海和北京的买房贷款月收入比分别为373.18和365.65，抵款额超过30年的收入。两相比较，德国居民买房的杠杆率极低。

虽然德国商品房价低且稳定，居民买房负担相对较低，但德国住房自有率水平并不高，长期保持在45%左右，这在欧洲几乎处于最低水平。与德国人口规模和经济发展水平相当的英国和法国，住房自有率都超过了65%。德国住房自有率低的一个重要原因是德国有十分规范的房屋租赁市场，且租房者权益得到法律充分的保护，因此在德国买房居住的必要性并不强烈，全德国超过55%的人租房住，柏林、慕尼黑等大城市租房比例更高达80%。

德国政府支持建设福利性公共住房，并根据申请家庭的人口、收入、房租给予居民房租补贴，且覆盖率极高，86%的德国人可享受不同额度的租房补贴。在租赁市场上，法律也侧重保护承租人。如德国《住房租赁法》就租房合同的制定、履行、租金水平及涨幅进行约定，规定房租涨幅不能超过合理租金的20%。否则，房东构成违法行为，房客可以向法庭起诉，如果超过50%，房东就构成犯罪。同时，德国出租房屋的房源比较多元。其中，州、市和乡镇府建立的"公共住房"约占出租房屋总量的10%；住房合作社投资建设的租赁住房约占出租房屋总量的9%；各类私营机构投资建设的住房约占出租房屋总量的14%；私人住房占出租房屋总量的65%。[1] 在所有者多元的情况下，出租市场比较有弹性，租房者可以有多种选择，对租房市场也起到了约束作用。

为规范租房市场，德国制定了完善的法律，包括《住房建设法》《住房

---

[1] 任泽平：《全球房地产》，中信出版集团，2020年版。

补助金法》《住房租赁法》和《私人住房补助金法》，分别为社会保障住房供给、中低收入房租补贴、租赁市场规范和私有住房提供了法律框架。

不论是德国的货币金融政策，还是居民购房时住房储蓄银行规定的先存储后贷款要求，抑或是发展福利房、保障承租人的权益，德国整个房地产制度明显地透露出将房地产作为住房商品来对待，而不是将它定位为肩负促进经济增长职能的经济主体部门，也未将它作为具有升值目的的资产来看待。因此在德国，居民购房可以比较从容，不能购房时租房也不错，因为租房条件和房租都稳定可控。

除制度原因之外，德国房价较低还有其特殊的历史原因。德国曾经历东西德分立，在分裂为两个国家时，东德、西德各自发展了自己的大城市，合并之后，这些大城市依然延续，是德国人口的聚集地，因此，德国大城市相对较多，人口分布比较分散。德国总人口8000万，比英国和法国都多，但首都柏林同时作为德国人口第一大城市，人口只有440万左右，而伦敦人口约900万，巴黎人口1100万。德国第二大城市汉堡人口约300万，第三、第四大城市慕尼黑和法兰克福，人口分别为300万和250万左右。这也就相当于伦敦和巴黎一个城市的人口在德国被分配到三到四个城市中，这种人口分布的分散化也是德国长期房价较英法更低的重要原因之一。

德国人口分布对英、法、日、韩等人口规模不大的国家不具有参考价值，但对中国而言，通过差异性的产业规划发展多个城市群并引导人口分散分布，则有重要的现实意义。

近些年德国房价发生了一些变化，虽然不至于如有人认为的德国低房价一去不复返，但确实这几年德国房价打破了其几十年的稳定状态，出现了明显增长。德国房价自2011年以来已经上涨超过50%（见图4-1）。北京大学教授徐远认为，这是因为自2011年以来，欧洲深受主权债务危机、东亚北非难民问题、英国脱欧、新冠疫情等的影响,长期实施货币宽松政策,维持低利率水平,德国 10 年期国债收益率自 2011 年以来长期接近于 0,而租房市场收益率稳定地保持在 4%,因此居民家庭财富的投资标的从国债转向住房,这导致近些年德国房地产需求旺盛,住房自有率出现明显上升,从 45% 增长至 50% 以上,房价也随之增长。

在对德国房地产房价稳定原因的探析中,我们可总结如下经验:

(1)国家对房地产的定位显著影响房地产的政策和房价走势,若将房地产归为民生相关产业,则在政策上要保障它的可及性,而非增长性。

(2)一个规范的租房市场,加上法律能真正保障租售同权,就能有效缓解居民的购房需求。

(3)要想有效降低住房的资产属性,就需要存在其他有可靠收益的资产(如德国国债)可供居民投资,否则居民仍可能将住房资产化,以获得稳定的租房收益。

(二)高度金融化的美国房地产

20 世纪 80 年代美国进行了自由化改革,整体经济出现严重金融化,金融部门急剧膨胀,在美国资本全球流动和国内经济周期中发挥重要作用。20 世纪 80 年代之后,美国经济周期又被称为泡沫周期,在经济上升期,债务膨胀,资产价格上升,推动居民消费和固定资本投资的增长;在经济周期末端,又以金融泡沫破裂引发金融危机宣告经济繁荣的结束。美国房地产作为美国金融部门的重要组成部分,深受其经济金融化和泡沫经济的影响,特别是在 2002 年股市泡沫破裂之后,从房价暴涨至 2007 年次贷危机爆发,房地产充当了这一个经济周期的资产泡沫。

从美国房价的历史数据看,"二战"结束至 20 世纪 80 年代是美国经济

发展的黄金期，这一时期房价比较稳定。尽管在此期间出现了美国战后婴儿潮，住房需求快速增长，却并没有体现在房价上，因为彼时美国对房地产基本定位在家庭居住需求。1949 年，美国杜鲁门政府修订《国家住房法》，提出"居者有其屋"的发展目标，通过兴建公共住房解决部分人民的住房问题。联邦政府制定《住房建设发展远景规划纲要》，提出"大力发展美国住房建设，尽可能让每个家庭拥有一套环境宜人的标准住房"。1961 年，肯尼迪政府在国情咨文《住房和城镇发展计划》中，提出更新和规划城市、给全国人民提供体面的住房、鼓励发展建筑业三大目标。随后约翰逊政府又提出"伟大社会"计划，对低收入家庭提供帮助，如租金增补计划，对低收入家庭住房支出比例进行限制；住房贷款计划，联邦政府对住房贷款进行贴息等。①

20 世纪 80 年代的新自由主义改革，改变了战后美国实施了二十多年的凯恩斯主义，原来由政府承担的部分公共事业被私有化，部分公共住房和公共建筑维修转给私营企业，大幅削减了对低收入家庭和低收入住房开发机构的各种补贴。自此美国房地产彻底市场化，政府通过发达的金融贷款体系、适当的税收减免政策，鼓励居民通过市场购买住房。美国政府从房地产业中逐渐抽身是美国城市中心形成贫民社区的重要原因。政府早期修建的公共住房集中在市中心，这里聚集了低收入家庭，且在住房维修私有化后公房年久失修，越来越成为城市中心的贫民区。而中产阶级和富人大多另辟区域形成相对封闭的富人区，或在城市郊区修建自己的独栋住房。因此，在美国城市中心常见一片片的贫民区，这里毒品、赌博、卖淫盛行，形成与富人区几乎割裂的世界。

---

① 参考雷学军：《美英房产政策启发》，《当代经济杂志》，2012 年第 19 期。

在新自由主义时期美国家庭住房自有率波动较大。1985—1995 年美国住房自有率维持在 64% 左右，而 1995—2016 年，出现一个完整的幅度很大的上升—下降周期（见图 4-2）。前十年从 64% 增长到历史最高值 69.2%，后十年又下跌至 63%。同一时期，美国房价也经历了飙升和暴跌。美国学者席勒（Robert J. Shiller）以 1890 年的住房价格作为 100，剔除了通胀因素得到美国各年住房的相对价格指数，美国住房价格的上涨主要集中在 20 世纪 70 年代后期至 80 年代末，特别是 2000 年初的大幅上涨，2000—2006 年房价一路飙升，2007 年次贷危机爆发后，美国房价又在短短三年内跌去约三分之一（见图 4-3）。随着危机的结束和危机后的经济复苏，美国房价已经走向新高。

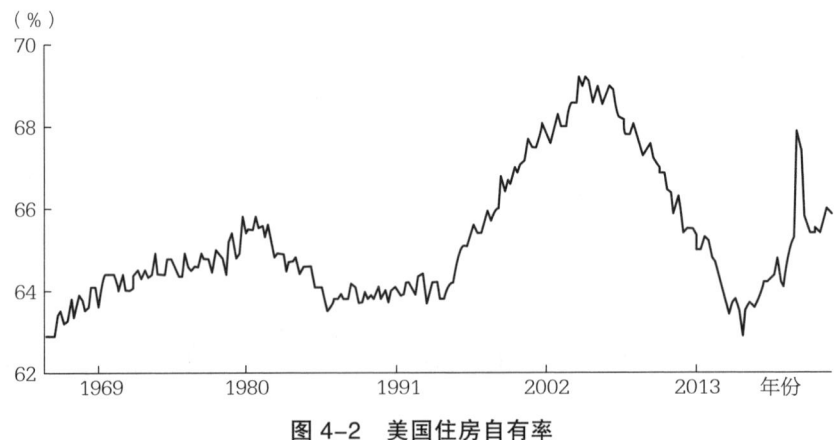

图 4-2 美国住房自有率

数据来源：美国人口普查局。

美国房价快速上涨和剧烈变动侧面反映了新自由主义时期美国经济的金融化。从 20 世纪 70 年代末开始，美国进行了一系列金融自由化改革和金融创新，其中与房地产密切相关的有两个：一是按揭贷款的普及；二是住房抵押贷款二级市场的发展。

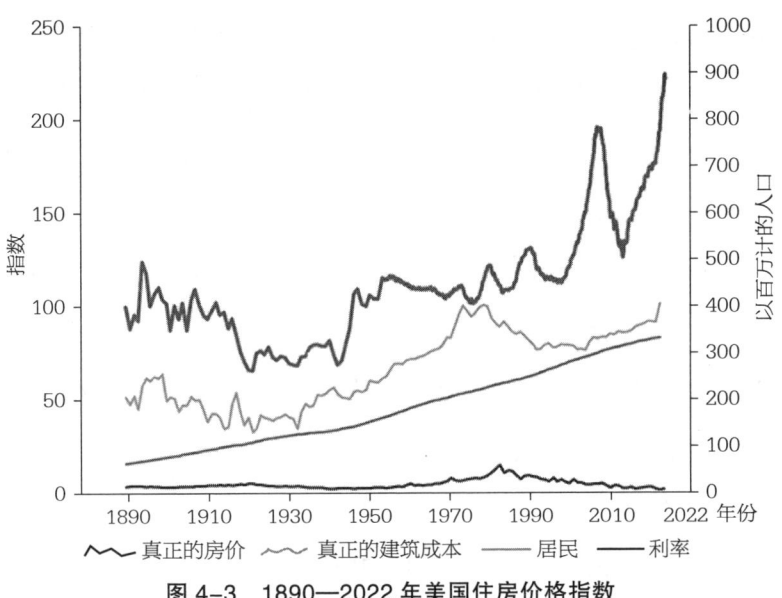

图 4-3　1890—2022 年美国住房价格指数

数据来源：Robert J. Shiller. Irrational Exuberance，http：//www.irrationalexuberance.com/.

按揭贷款虽然产生于 20 世纪 30 年代的大萧条时期，但它真正普及始于 20 世纪 70 年代。在此之前，银行向个人放贷十分谨慎。商业银行会对贷款人的信用资质进行严格审核，商业银行从业人员中有专门的调查员在贷款批准之前与申请人实际接触，观察他的行为举止，了解他的工作生活情况，通过和申请人的邻居交谈了解他的人品和信誉；在贷款未偿付之前，银行定时与债务人联系，更新他的资产、收入和其他相关情况。这样详细的审查使银行贷款服务对象只能集中在和本银行有长期联系的"VIP 会员"当中。自 20 世纪 70 年代开始，这种情况发生了变化。商业银行逐渐意识到：个人信贷部门利润的增长主要在于放贷数量的增加，而不是某一笔贷款的安全性；银行变得更注重借款人的数量，而不是每个借款人的个人品质；借贷者日益被看作一个群体，而衡量这个群体的基本指标是规模和这个群体的平均违约风险。彼时，计算机技术和电子储存技术的发展为银行根据数学模型对客户进行数字化处理提供了技术支持，在此基础上，银行建立了标准化的信用积分系统。它们要做的是根据信用积分把借款人归档，分为"优质""次优""次级"等，不同的信用等级支付不同的利息，信用等级越低的，支付的利息越高。传统贷款中，如果借款人的信用不能很好地保证其按期归还债务，那么银行会直接拒绝贷款给他；现在按风险定价，银行只需要制定更高的利率对冲违约的风险。这种做法既让银行控制了总体贷款风险，又为吸引更多家庭进入按揭贷款市场提供了可能。若没有按揭贷款的普及，大多数家庭全额购买住房，那么房地产断无可能发展到如今的规模。

推动美国房地产发展的第二个重要的金融创新是资产担保证券（Asset-Backed Securities，ABS）和相关信用衍生品的发明。20世纪80年代中期，美国信贷市场开始"证券化"，这是对美国金融市场结构的一次重要调整。此前，银行作为信贷提供者，长期持有债权直至债务到期。若债务到期不能按时偿还或借款人破产就会产生呆坏账，使银行蒙受损失；即便债务按期偿还，借贷本身占用银行流动资本，减少了资本周转次数，也降低了银行利润，即银行单独承担了持有债务的风险和成本。资产担保证券就是将债务违约风险转移出去的一种方法。贷款预示着债务人未来要对债务进行偿付，对债权人（银行）来说代表着一笔未来收入，而贷款协议是对未来收益的索取权凭证，那么银行就可以用贷款协议作为担保发行债券或票据（ABS）在金融市场上售卖出去，即把银行长期持有债务的违约风险转移到整个金融市场中。

抵押贷款证券化也增加了债权人资产的流动性。原先需要25~30年才能偿付的债务，通过证券化可以瞬间变现：一方面把违约风险转移给抵押贷款支持证券的投资商，降低了债权人的风险；另一方面加速了债权人的资金周转，一定时间内用少量资产可以进行多次贷款。在金融膨胀期，金融投资者需要更多的贷款支持证券，贷款机构需要更多的合同出售。据贷款商理查德·比特纳回忆，在2003—2006年的疯狂时期，贷款机构的任何合同，不论是标准合同还是不符合要求的贷款合同都能快速出售。房产经纪商数量剧增，不停地鼓动居民购买住房，不是为了房地产本身的销售，甚至也不是为了抵押贷款的利息收入，而是为了创造更多的抵押贷款合同进行证券化，以发行足够的金融证券。①

贷款机构承担的违约风险降低了，随之就对贷款失去了谨慎态度，几乎能贷尽贷，为低收入群体和部分投机者创造了非常丰富的抵押贷款产品，如只付利息贷款（一段时间内只偿付利息不偿还本金）、共享升值贷款（借款人和贷款人共享房屋升值收益，贷款人则给借款人利息上的优惠）、无收入无资产贷款、无收入无资产无工作贷款等。在房地产泡沫膨胀阶段，美国购房首付比例极低，真正出现了零首付，把美国更多的低收入甚至无收入群体，如有犯罪前科的、没有稳定收入的、打零工的单亲妈妈们都吸引进了买房大军。

美国政府也乐见房地产泡沫的形成。房价的上涨，一是让老百姓从心理上觉得自己"很有钱"，从而更愿意增加消费，拉动经济增长。二是房价上涨之后，美国家庭可以把仍在偿还按揭贷款的住房净值增长部分再次抵押贷款［也就是房屋净值抵押贷款（House Equity Loan, HEL）或房屋净值信用额度（Home Equity Lines Of Credit, HELOC）］等，事实上让老百姓更有钱从而提高了他们消费的能力。消费在美国GDP中占到七成以上，只要财富效应持续生效，老百姓愿意消费，那么美国经济就能维持繁荣。

零首付、低利率、低信用门槛等过度宽松的购房政策和房屋净值抵押政策导致过度借贷问题出现，中低收入者买下自己没有能力偿还贷款的住房。住房市场发生逆转房价下跌时，不可避免地爆发了次贷危机，也就是信用等级最低的群体出现大规模违约。以他们的抵押贷款为底层资产的支持证券大

---

① 参考理查德·比特纳：《贪婪、欺诈和无知：美国次贷危机真相》，中信出版社2008年版。

幅贬值，并最终触发美国乃至全球金融危机。市场逐渐冷却，不再支持净值贷款，很多次贷家庭只能抛售住房偿还贷款，美国住房自有率迅速下降。那些还在偿还贷款的住房也因房价下跌，房屋产权净值比重（属于房主的产权部分占总房屋价值的比重）急剧地从60%跌落到37%的水平（见图4-4）。

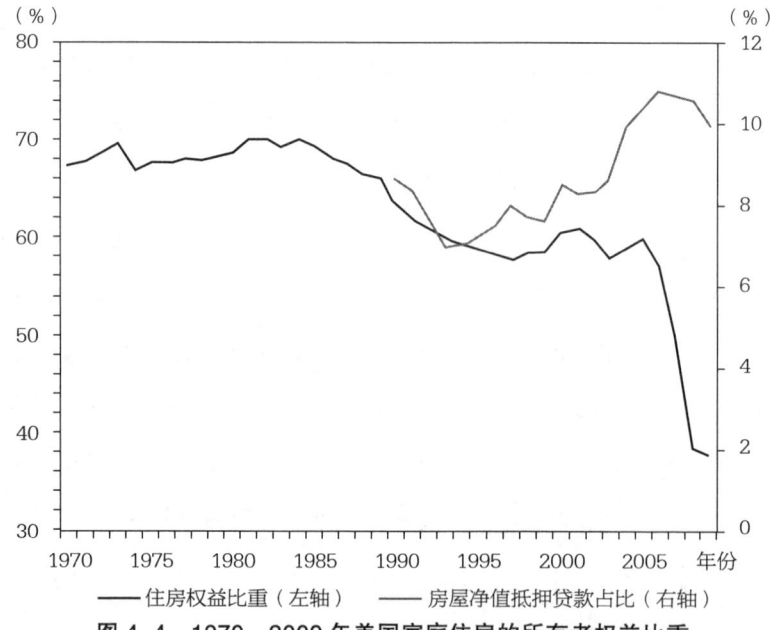

图4-4　1970—2009年美国家庭住房的所有者权益比重

数据来源：美国历年资金流量表。

美国虽然有周期性的房地产泡沫，但与中国不同的是美国房地产泡沫更多地表现为价格泡沫，即价格的剧烈上涨和下跌，而住房过剩供过于求的现象并不突出，房屋空置率一直处于较低水平。出租住房空置率长期处于10%以下，而总住房空置率与欧洲国家相比也处于较低水平。

在对美国房地产房价稳定原因的探析中，我们可得到以下经验：

（1）一个国家房地产的发展特点与整个经济的发展特点密不可分，美国房地产金融化是美国经济金融化的重要组成部分。

（2）依靠金融手段实现住房产权并不可靠。虽然美国政府的政策目的是支持低收入家庭购买住房，获取房屋产权，但其政策作用点集中在金融环节，如给贷款机构宽松的政策允许它们金融创新、给资产证券化公司和贷款保险公司提供信用背书、充当最后贷款人角色实行宽松的货币政策等。然而，这种依靠金融手段实现的住房产权并不可靠，金融泡沫破裂后，次贷家庭为偿还债务依然会失去住房产权或房屋净值缩水。

（3）房地产侧重金融政策致使社会群体贫富分化日益扩大。作为不动产的房地产在国家内部承担着财富分配的职能，购买房产的过程中哪个环节参与得越多在房地产的价值分配中的占比就越高。因此，美国华尔街精英和社会低收入群体之间的贫富分化的扩大与房地产侧重金融政策不无关系。

二、有限的土地供应并不必然导致高房价

中国香港和新加坡的经济情况比较类似，都是相对独立的城市，土地面积小，人口密集。香港总面积约 1110 平方千米，人口约 741 万（2021年）；新加坡面积约 728 平方千米，人口 545 万（2021年）。二者人口密度十分接近，新加坡每平方千米土地约有 7000 人居住，香港每平方千米土地约有 6700 人居住。两个城市经济社会形态也相似：均为发达经济体，城内高楼林立；均为港口城市，以航运贸易金融等高端服务业为主，属于外向型经济；均为城市社会，新加坡一城即一国，中国香港作为我国特别行政区高度自治。但二者在房地产上的表现截然不同：2018 年新加坡住房自有率高达 90.9%，位于世界前列，而中国香港的这一数据仅为 51.2%，属于较低水平；两地的房价收入比，中国香港接近新加坡的 3 倍，在收入相当的情况下，中国香港住房价格是新加坡的 3 倍；在城市面积都很逼仄的情况下，新加坡的人均居住面积却能达到 30 平方米，而中国香港却只有新加坡的一半（见表 4-1）。

表 4-1 新加坡和中国香港房地产基本数据对比

经济体	面积（km²）	人口（万）（2021年）	住房自有率（%）（2018年）	房价收入比（2022年）	人均居住面积（m²）
新加坡	728	545	90.9	15.53	30
中国香港	1110	741	51.2	45.3	15

新加坡的居住资源分配比较合理，成为消解社会矛盾的稳定剂，是可供各国房地产发展学习的典型案例。中国香港居住资源分配贫富差距较大，既有浅水湾、太平山等别墅区，这里豪宅每平方米百万港元、总面积上千平方米，也有深水埗这样的贫民窟，一家蜗居在几平方米的房子之中，也有"笼屋""棺材房"。居住资源分配问题已成为中国香港深层矛盾之一。以1988年12月31日房价指数为100，中国香港和新加坡商品房的价格指数见图4-5。

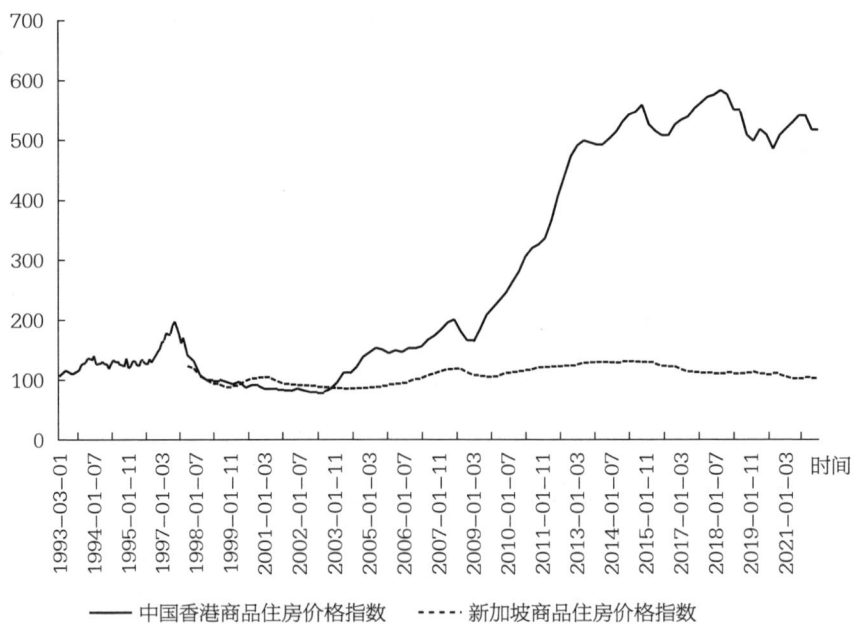

图 4-5 中国香港和新加坡商品住房价格指数（1998年12月31日房价=100）

数据来源：国际清算银行。

中国香港、新加坡两地的房地产发展十分典型。我国内地房地产在发展过程中向两地都取过经,因此比较这两地的房地产制度,对总结我国内地房地产发展经验颇有意义。

(一) 公共住房政策成功典范——新加坡

新加坡房地产模式被称为"世界公共住房政策成功典范"。在1959年自治初期,新加坡也曾遭遇严峻的"房荒",165万人口中有115万人住在贫民窟或贫民区,住房短缺导致严重的社会危机,甚至引发城市暴动。为了平息社会不满,李光耀政府成立建屋发展局,通过发展公共住房满足社会居住需求,这就是新加坡特有的"组屋"制度。

组屋制度始于1960年,由新加坡建屋发展局承担建筑楼房,再以低售价、低息贷款和高补贴等方式向中低收入家庭出售。新加坡政府于1964年提出了"居者有其屋"计划,根据公民收入水平和申请情况决定组屋价格和销售对象,并将其定为基本国策。新加坡房地产经历了三个发展阶段:满足居民住房需求—改善居民居住质量—鼓励居民拥有住房权。短短30年,新加坡住房自有率从建国初的8.8%提升到了90%,并自1995年以来一直维持在90%以上。形成了以政府供给房屋为主,以商品买卖为辅的房地产模式。目前,新加坡的住房80%以上属于公有的组屋,仅约20%属于高收入人群或外国人通过市场手段实现住房需求。

新加坡组屋制度的顺利实施离不开以公有为主体的土地制度和强势政府的支撑。新加坡1966年颁布的《土地征收法》规定,政府可出于公共利益强制征地,并将赔偿金额限定在固定的较低水平,以保障政府以低价获取大量土地以集约化运作,更好地进行城市规划。自此,新加坡逐渐形成了87%的土地公有、13%的土地私有的格局。公有绝对主导的土地产权制度使政府在土地使用、规划、管理上拥有绝对话语权。对公有土地,政府实施所有权和使用权严格分离,政府只出让土地使用权;对私有土地,虽然允许交易,但仍受政府严格审查。

在土地转让和价格形成方面,政府依然实施严格控制。政府出让公有土地使用权时,先确定标准价格,然后由土地局公开招标或拍卖。以私有土地交易价格为协商价格。政府很少将国有土地使用权出让给私人开发商,而是有偿、有期限地出让给住房发展局等法定机构,再由这些机构完成土地开发后,以招标等方式转租给私人开发商。私人开发商取得使用权后,其转让也受到政府的严格控制。

新加坡实施严格规范明确的税收制度,在房屋交易和保有环节实行差异化累进制税率,通过税收抑制房地产投机和房价上涨。房产持有环节征收的房地产税,税基为房产年值,按住房可比物业出租一年的市场租金计算。房地产税对自住型住房和非自住型住房区别征收:自住型住房免征额8000新元,采取4%~16%的七级累进税率;对非自住型住房采用10%~20%的六级累进税率。税率设定对自住型住房实施优惠,如年值7万新元的房产,若自住则交6%的房产税,若非自住则需交16%的房产税(见表4-2)。

表4-2 新加坡自住型住房和非自住型住房房地产税税率

新加坡自住型住房房地产税税率	
年价值	自2015年1月1日起执行的税率
0~8000新元部分	0
8001~55000新元部分	4
55001~70000新元部分	6
70001~85000新元部分	8
85001~100000新元部分	10
100001~115000新元部分	12
115001~130000新元部分	14
超过130000新元部分	16

续表

新加坡非自住型住房房地产税税率	
年价值	自 2015 年 1 月 1 日起执行的税率
0~30000 新元部分	10
30001~45000 新元部分	12
45001~60000 新元部分	14
60001~75000 新元部分	16
75001~90000 新元部分	18
超过 90000 新元部分	20

数据来源：国家税务总局，《中国居民赴新加坡投资税收指南》。

对房产交易环节征收印花税。印花税税率也采取累进制，对买、卖双方同时征收，税基为房产价值（买卖合同价与市价中取较高者），房屋价值越低，持有年限越长，税率越低。印花税区分公民、永久居民、外国人和法人实体，对本国公民有税收优惠。印花税的税制设定表现出明显的抑制频繁买卖的投机行为，且对外国人购买房产更为谨慎。

新加坡对购买者有严格的审查和准入制度。一个家庭只能拥有一个组屋，并制定严格而合理的分配标准和程序以确保组屋分配的公平性，这使任何一个新加坡公民及永久居住者很容易买到住房。同时，累进制的房地产税和印花税以及长期稳定的住房价格，有效抑制了投资投机性的住房需求，新加坡居民对二套房、三套房的持有几乎没有兴趣。

（二）贫富分化严重的香港房地产

香港住房分为三个部分：占主体的是完全市场化的商品房，几乎被有"四大巨头"之称的恒基兆业、新鸿基、新世界和长江实业地产所垄断；针对低收入阶层的廉租房，由政府兴建和持有，称为公屋；中等收入者购买的政策性住房，即经济适用房，也称为居屋。这三部分住房保持一定的流动性，低收入者收入上升后退出廉租房，给其他低收入者居住，同时政府也收购一些适合的旧商品房转做廉租房和经济适用房，高收入者直接进入房地产市场购买商品房。1997年亚洲金融危机爆发后，香港楼价大幅度下跌，随后，政府开始大幅度减少公共住房在房地产市场的占比。目前，香港房地产三个部分的占比分别是：公屋（廉租房）为30%，居屋（经济适用房）为15%，完全开放商品房（私人住房）超过一半，为55%。

香港房价畸高，房价收入比在世界居于前列；人均居住面积小，仅15平方米左右，是发达城市中最低的；资源分配严重不均，富人区和穷人区泾渭分明，浅水湾的顶级豪宅全球侧目，深水埗则"笼屋""棺材房"世界闻名。香港房地产之所以发展成目前状况，与香港的土地、金融政策密不可分。

香港房价过高的首要原因在于可开发土地太少，地价过高。土地供应是影响香港房价的长期因素，香港地少人多，仅有20%的土地可供开发，土地供应严重不足。香港政府掌握的土地非常有限，这些年投放土地多是老旧公共设施改造释放出来的土地，香港政府没有更多能力通过土地投放平抑土地价格。香港存量土地掌握在私人或私企手中，政府无力盘活。还有很多公共土地，比如青山、海洋，香港政府也试图通过填海新增土地供应，但遭到环保机构阻挡，政策难以持续推进。新加坡人口比中国香港人口少近200万，但每年供应新房4万套，而中国香港只能供应1万套。

政府新增供地有限，地产开发商在高房价刺激下，对于竞标投资香港住房地始终高度热情，乐此不疲，地王不断刷新纪录，这一现象也折射出开发商与特别行政区政府之间的博弈——即使特别行政区政府有意增加土地供应，但开发商认为特别行政区政府增加土地供应的能力有限，也不认为政府能够抑制房价上涨，因此不惜承担高价格风险也要积极投标地皮。

事实也的确如此。香港政府一直主张大市场小政府，意即让市场自由发展，尽量不实施政府干预。香港的土地和房地产长期依赖市场支配，事实上是被几大地产商垄断经营。政府虽有公屋也就是廉租房政策，但因条件过差没有发挥应有的调节作用。香港公屋租售价格虽低廉，租金为私人房屋的1/7~1/3，但条件偏差，人均面积中位数仅13平方米。加之公屋供应不足，居民满足资产收入限制可排队轮候，平均需要轮候5.3年。居屋也就是经济适用房，政府通过资助支持居民购买，售价为私人房屋的60%~70%，但因与市场价挂钩，价格水涨船高，房源供应也很少。近年香港政府组建的公屋占比不断下降，而私人住房呈上升趋势。总之，政府提供的政策性住房没有起到调节房地产市场和抑制房价上涨的作用。

香港房地产金融基本复制了美国金融创新，开启抵押贷款证券化及相关衍生品金融。1997年香港成立了香港证券按揭公司，抵押贷款证券化后，通过担保机构担保和信用评级机构评级后在二级市场上进行交易。金融机构把抵押贷款证券和保险打包，降低投资风险以匹配低风险需求的投资机构。香港政府为中低收入者提供担保，降低中低收入者贷款首付比例，刺激中低收入者贷款需求。

金融制度刺激私人住房需求：按揭业务灵活多样，利率低，刺激居民加杠杆购房，支持多种形式贷款。香港本地居民购买首套房最低首付为40%，但购买资助出售房屋或申请按揭保险，首付可低至5%；房地产商与财务公司按揭首付低于20%，并支持首付款按揭。香港还有加按（偿还部分贷款后重新按揭）、转按（银行间按揭转移）、楼换楼按揭（旧楼抵押支持新楼按揭）等按揭业务。房贷利率低。香港实行联系汇率制，利率追随美国而长期处于低位。2017年，香港按揭贷款余额占GDP的45%，居民杠杆

水平较高。

在香港政府放任房地产市场泡沫膨胀和金融市场一系列金融创新之下，香港房价飙升，2003—2015年房价增长了5倍之多。香港房价彻底成为当地百姓不能承受之重，成为香港深层次的结构性问题之一。

2021年一份施政报告带来转机。2021年10月，香港特别行政区行政长官林郑月娥发布了其任期内最后一份施政报告，提出了到目前为止占地面积最大的规划蓝图"北部都会区发展策略"。报告指出，将在香港北部建设一个占地300平方千米、宜居宜业宜游的"北部都会区"，在满足约250万人口的居住需求的同时，与深圳形成"双城三圈"的战略性布局，发挥"双引擎"作用，实现"强强联手"。"北部都会区"可额外开拓约600公顷用地作为住房和产业用途。整体项目完成后，总住房单位数目将达90.5万～92.6万个，可容纳约250万人居住。这给疏解香港住房问题带来了一丝希望。

在新加坡和中国香港房地产发展的比较中，我们可以得出以下结论：

（1）土地面积绝对数量的不足并不必然导致房地产价格上升。新加坡和中国香港同样面临城市土地供给不足、人口密度大的问题，然而新加坡却通过对居住资源相对合理的分配和房地产开发合理的规划，保障了绝大多数居民的居住需求，形成稳定温和的房地产市场。

（2）房地产与土地、金融深度绑定，极易造就能与政府进行博弈的垄断巨头。新加坡政府是强势政府，通过征收累进税，增加公共支出对财富进行二次分配，在一定程度上对弱势人群提供了相对公平的居住保障，同时让大资本不能形成寡头、财阀，更不能挟持政府。而中国香港信奉自由主义，政府既不能控制房地产最基本的土地资源，又放任金融资本膨胀，因此政府在与房地产巨头的博弈中沦为弱势方，地价和房价越调越高，加剧了香港的贫富分化和社会矛盾。因此，房地产的健康发展在一定程度上依赖于政府对资本的规制能力。

（3）事实上，中国香港和新加坡的土地都是国有占主导，政府在法律上享有土地产权和基于产权的支配权。然而，新加坡政府具有长期思维，自主开发，集约化使用土地，制定了在房地产供应中占主导的组屋制度。而中国香港政府通过"招拍挂"把大量可开发的土地使用权转让给私人，导致政府手中可开发土地有限，因此难以以土地为杠杆调节房地产市场，开发商们却囤积了大量土地，掌握了市场的主导权。新加坡政府可以自己持有土地长期规划土地开发的一个重要原因在于，新加坡政府收入来源丰富，相对均衡，且政府收入中份额最大的部分是投资收益，主要是新加坡淡马锡、金管局、GIC 等的投资回报，该部分在 2018 年新加坡政府收入中占 18%，因此新加坡政府收入不依赖于土地出让金。而中国香港 2018 年政府收入中主要与卖地相关的各基金转拨收益占 15%，这种经济依赖更增加了香港政府调整房地产的困难。

三、人口负增长引起的房地产发展动向

可供中国房地产发展参考的国际经验中，日本经验很有价值。因为日本房地产发展历史有两点与中国面临的情况有相似之处：一是在 20 世纪七八十年代日本快速工业化的进程中，出现了长达 20 年的房地产繁荣期，房价一度飙升至极高的水平，中国目前也面临同样的情况。学习日本经验，要研究如何避免如日本 90 年代以泡沫破裂的方式结束房地产繁荣。二是日本当前的老龄化社会是中国即将面临的重要问题，它对房地产发展将产生什么影响？日本走过的路对我们来说具有重要参考价值。

（一）人口负增长引发的人口流动新趋势

自20世纪末日本泡沫经济崩溃后，日本的人口老龄化问题日益凸显。根据日本国立社会保障人口问题研究所的统计结果，1973—2021年，日本65岁及以上的人口数量从834万增至3743万，占总人口的比重从7.67%增加至29.79%。与人口老龄化问题密切相关的是，日本人口出生率持续下降，日本人口数量在2008年达到历史最高点1.28亿后进入负增长，至2021年人口已减少238万人（见图4-6）。

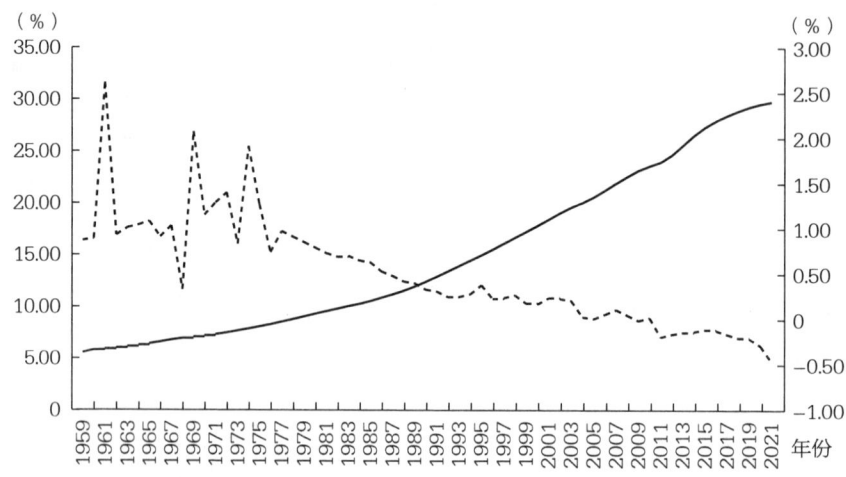

图4-6　日本65岁及以上人口占总人口比重及人口年度增长率

数据来源：快易数据网。

人口数量减少正在加剧人口区域分布的不平衡。伴随着人口数量减少，日本一些县镇人口萎缩失去发展活力，企业关闭，就业机会减少，进一步加速人口流出。因此，在日本总人口萎缩的同时，人口又进一步向中心城市集中。20世纪70年代至90年代，日本为应对前20年人口向三大都市圈，即东京都市圈、名古屋都市圈和大阪都市圈的大规模流入，专门设立机构研究人口如何更合理分布。在该机构的建议下，日本国土厅在一段时间内把开发小城市作为战略任务。在非人口密集地区开发了上百个"新产业城市",完善这些小城市的基础设施,按照大城市的标准配套生活服务设施。确实从20世纪70年代后期开始,三大都市圈的人口流入开始减速(见图4-7)。

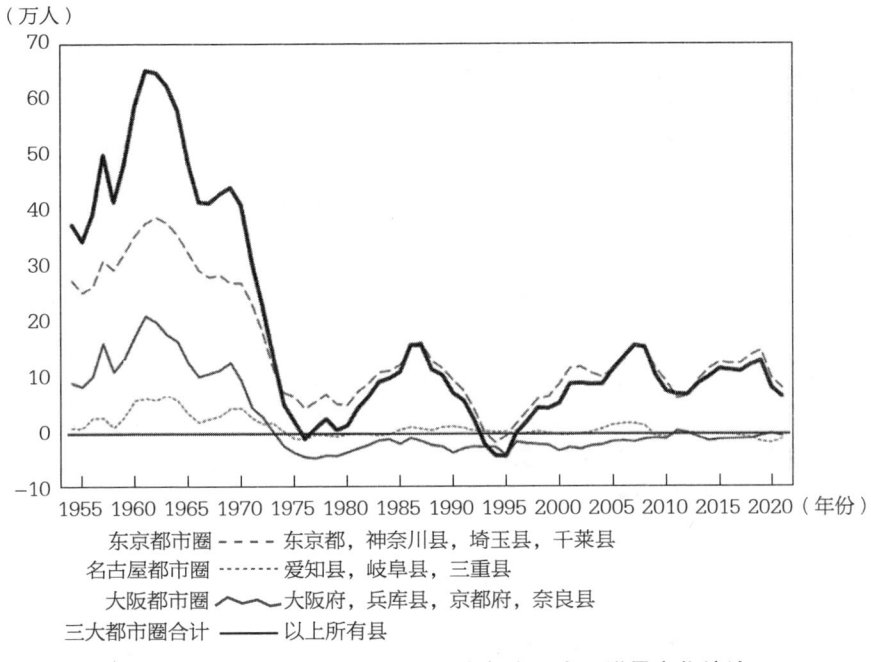

图 4-7　1955—2020 年日本三大都市圈人口增量变化统计

资料来源：日本总务省统计局：《住民基本台账人口移动报告年报》,https://www.stat.go.jp/data/idou/2021np/jissu/youyaku/index.html。

进入21世纪,日本人口逐渐登顶并开始减少,人口流动就表现出一些新的趋势。

(1)东京都市圈人口更加集中,在三大都市圈中呈现出单极化现象。从1975年开始,三大都市圈净流入人口几乎与东京都市圈净流入人口重合,大阪都市圈长期人口缓慢流出,名古屋都市圈则保持人口规模基本稳定。进入新世纪,三大都市圈人口流动的分化愈加明显。根据日本总务省统计局数据,2013—2021年,名古屋都市圈和大阪都市圈人口均为净流出,且名古屋都市圈流出人口呈现显著负增长。而东京都市圈保持人口净流入，且流入人口在 2019 年之前显著增长（见表 4-3）。这让东京都市圈在日本人口版图中的地位更加突出。

表 4-3　日本三大都市圈人口流动（2013—2021 年）　　　单位：人

都市圈	2013年	2014年	2015年	2016年	2017年	2018年	2019年	2020年	2021年
三大都市圈全体净流入人数	89786	96883	108913	106170	105975	120253	130204	84612	63697
东京都市圈净流入人数	96524	109408	119357	117868	119779	135600	145576	98005	80441
名古屋都市圈净流入人数	-147	-803	-1090	-2363	-4979	-7440	-11515	-12275	-11237
大阪都市圈净流入人数	-6591	-11722	-9354	-9335	-8825	-7907	-3857	-1118	-5507

数据来源：日本总务省统计局：《住民基本台账人口移动报告》，https：//www.stat.go.jp/data/idou/2021np/jissu/youyaku/index.html。

（2）东京都市圈人口开始向都市中心，即东京都和东京都特别区部回归。这一现象被称为"都心回归"，它的出现标志着东京都市圈大规模郊区化时代基本结束。从 1954—2021 年东京圈人口净流入情况来看（见图 4-8），1965—1995 年，东京都和东京都特别区部的人口持续净流出，呈现出空心化趋势，东京都市圈人口的增长主要是周边各县人口快速增长。自 20 世纪末以来，东京都人口由净流出变为净流入，周边各县人口流入明显放缓，说明东京都市圈人口又开始向都市中心集中。

为什么会出现"都心回归"的现象呢？这与人口下降密切相关。20 世纪 90 年代房地产泡沫崩溃，日本大都市圈地价持续下跌，加之人口增长趋势出现逆转，即便 21 世纪以来日本长期货币宽松，甚至出现负利率，地价依然保持了 20 年的稳定，东京都市圈目前地价仅为 1991 年泡沫经济崩溃前的 1/5（见图 4-9）。由此，外围郊区的成本优势逐渐弱化，长期忍受漫长通勤时间的打工人选择重新回到都市中心生活。

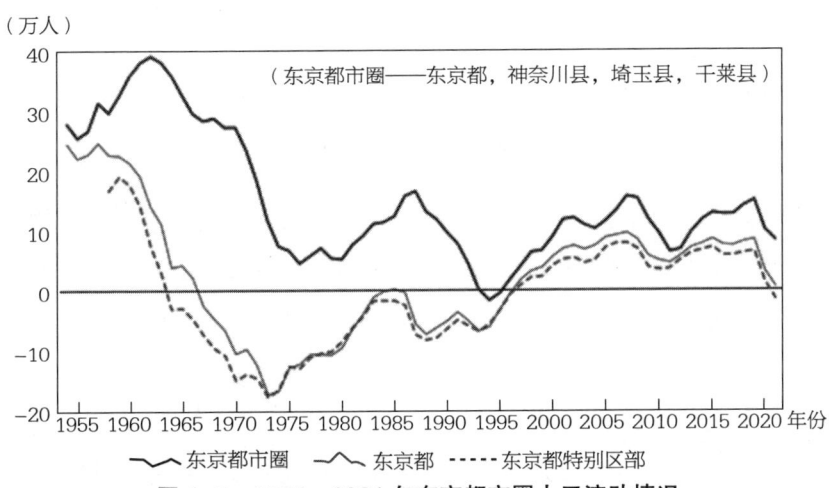

图 4-8　1954—2021 年东京都市圈人口流动情况

数据来源：日本总务省统计局：https://www.stat.go.jp/info/today/pdf/181.pdf。

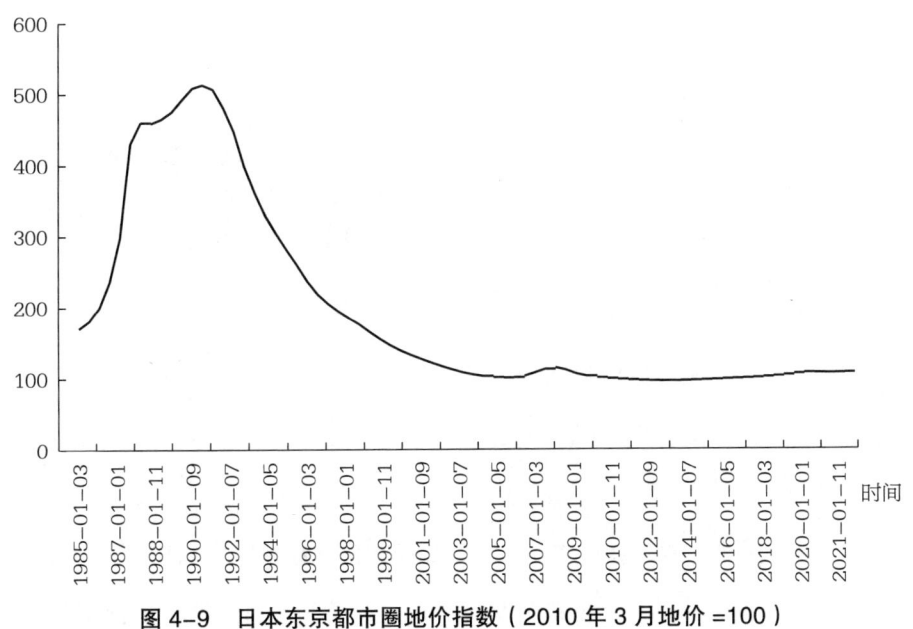

图 4-9　日本东京都市圈地价指数（2010 年 3 月地价 =100）

数据来源：国际清算银行。

（二）合理处置日益增长的空置房

日本人口减少引起房屋空置率增长。日本内政和通信部每五年发布一次的《住房和土地统计调查》的数据显示，1998—2018年的五次统计，日本住房总量增加率从9.5%一路下滑，分别为7.3%、6.9%、5.3%和3.0%，而房屋空置率一路上升，分别为11.5%、12.2%、13.1%、13.5和13.6%，空置房屋2018年已多达846万套（见图4-10）。据日本国立社会保障和人口研究所预测，日本的房屋过剩问题在2023年以后将加剧，若不尽快拆掉旧房，日本过剩房屋估计在2030年将增至2000万套。

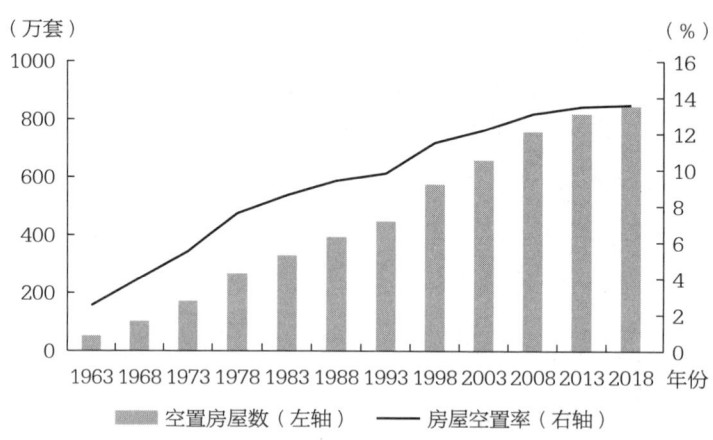

图4-10　1963—2018年日本空置房屋数及房屋空置率

数据来源：日本总务省统计局。

如何处理空置房屋成为人口萎缩时期的新课题。目前日本大多数空置房屋仍在任其空置，但也做了一些应对空置房屋的努力，值得我国学习和借鉴。

（1）在法律上清除处置空置房屋的障碍。日本很多空置房屋是独居老人去世后留下的房产，本地政府在处置时面临查找亲属的困难。2014年，日本公布了《空置房特别措施法》，根据这部法律，地方自治体可以通过劝告、指导、命令等方式，直接对空置房屋实施修理或拆除等措施，从制度层面上推动解决空置房问题。

（2）各地出现了处理空置房屋的民间组织和平台。许多地方自治团体根据本地情况，设置"空置房对策协调会"，收集整理当地空置房屋的具体情况，形成数据库，方便空置房的信息查询、流通和再利用。如日本千叶县搭建了"住房交换支援组织"的信息交换平台，为供需双方提供信息以促进空置房的买卖与租赁。

（3）制定人口引流政策。空置房大多在地方的县市，各地方政府制定了许多政策，吸引人口向地方流动。如日本神奈川县横须贺市，为促进年轻人移居，推出"育儿支援"措施，为有孩子的家庭提供购房和装修补贴。又如日本岐阜县的下吕市将某公司的空置房屋改造成养老院，提供看护、医疗等服务，吸引老年人入住。

（4）将空置房屋改造为民宿及旅游景点。一些具有旅游观光价值的空置房屋通过开发、改造，作为旅游住宿房屋供游客使用。如日本石川县能登町将既有的旧屋改造为民宿十分成功，提供具有特色的文化体验，带动了当地旅游经济发展。

（5）数据田园都市构想。近期，岸田政府上台后，推出了更多的政策和方法，如数据田园都市构想就旨在解决地方上的空置房屋问题。日本政府拟在乡间推动数字化，联合建筑业者，将无人认领的空置房翻新后出售，栃木县和长野县还设立了空置房银行，日本乡镇也出台了空置房津贴政策，吸引城区民众移居乡下。北海道为了吸引城区居民，推出育儿和购买老房子津贴政策，使该地区的空置房减少了11%。位于东京都西端的奥多摩町，也将空置房免费提供给年轻人创业。

人口老龄化和人口负增长给房地产业发展带来了很多新问题，日本在应对中的一些经验值得我国总结并且学习。就人口流动新趋势和处置空置房方面，可以得到以下启发：

（1）做好人口实时监测，合理规划土地供给。人口进入负增长阶段，房价长远预期发生逆转，货币宽松政策对房价的影响效果将明显下降，房地产将加剧分化。这时，政府需要及时监测人口流动。人口流出地区，"人口减少—经济活力下降—就业机会萎缩—人口加速流出"的循环一旦形成，房产价值将快速贬值，甚至被大面积空置。政府应提前做好土地规划，避免加剧房产过剩。

（2）大城市要具备战略眼光，从长时段出发考量人口发展与流动。人口进入负增长阶段，流动方向可能会进一步向大城市和城市中心聚集，因为经历了工业化时代的长期投资和建设，大城市和城市中心不仅就业机会更多，资源更集中，生活也更加便利，住房价格的下降也降低了生活成本，因此对人口的吸引力将上升。目前我国大城市人口疏解政策要重视这一趋势，在城市圈的规划中考虑人口发展和流动时要把时间拉长至20年。

（3）多措并举统筹处置空置房。人口流出城市将出现大量空置房屋，地方政府在房地产的发展中应尽快纳入空置房屋信息统计和再利用的政策体系及规划，将之与养老、旅游、安居等居住需求结合起来，尽可能消化已建成但空置的住房，防止人口进入快速下降期后空置房屋的大规模出现。

Chapter 5

第五章
从三个维度看中国房地产未来发展趋势

党的十九大报告提出"房子是用来住的、不是用来炒的",中国房地产已进入转型期;党的二十大报告明确提出要"加快建立多主体供给、多渠道保障、租购并举的住房制度",中国房地产发展新模式的构想已经明晰。我国房地产未来发展趋势会怎样?我们应从以下三个维度出发进行思考:

从房地产发展支撑环境维度来看,近期房地产业主要任务是塑造健康的产业生态,让房地产从高度金融化的特殊产业回归到提供安居服务的一般产业,这要求政府、金融机构和老百姓将赋予住房的各种额外功能逐一剥离,使之回归单纯的居住功能。

从产业转型维度来看,我国房地产由增量市场进入存量市场,将从过去以开发建设为主转向以安居服务为主,从制造业逻辑转向服务业逻辑。

从服务社会发展维度来看,未来高流动性社会要求房地产以共享经济的原则重塑产业,租住同权、以租为主,统一供给、专业管理,房地产业越来越成为一个民生产业而非成长型产业。

一、塑造健康的产业生态:政策规范化改革

中国房地产转型从中短期看,在稳定房地产的基础上,从政策角度进行规范化改革,逐步建立健康的房地产产业生态,这既是房地产发展的边界,也是房地产发展的基础,就目前房地产的问题,即房地产过度金融化、房地

产与地方财政、居民户籍学籍等过度绑定，以及房地产过度开发、土地使用规划性欠缺等问题的解决。

（一）房地产去金融化

在对房地产旧模式的剖析中，房地产金融中有两个板块亟待调整，一是本质上由购房者个人为房地产开发商进行信用融资的预售制，这将购房者置于极其不利的地位；二是商业银行贷款过度地与房地产绑定，这会导致房地产的风险传递至金融系统，并引发更大范围的系统性风险。对此，万科集团董事局主席郁亮在其集团2022年年会上表示，"对房地产业来说，缩表出清就是去金融化。国家不允许房地产占用过多金融资源，也不能允许居民因买房背负了高额的债务负担，因为这些金融资源没有有效地支持实体经济。去金融化是一个必然的趋势，也是痛苦的过程"。①

1. 逐步取消预售制

之所以在房地产去金融化中首先讨论商品房预售制的问题，是因为传统房地产发展模式里的预售制格外不合理。预售制将购房者纳入房地产金融，为房地产开发商提供信用，却承担了不受他们控制也不该他们承担的风险。这成为房地产风险向社会传导的主要机制。2022年停贷事件爆发后，市场关于取消期房预售、推行现房销售的呼声鹊起。银保监会相关负责人2022年7月回应，将统筹考虑是否取消期房预售。住建部2023年1月首次提出现房销售模式，"有条件的可以进行现房销售，继续实行预售的，必须把资

---

① 中房网：《郁亮锚定房地产"黑铁时代"，称行业进入缩表出清阶段》，http://www.fangchan.com/news/320/2022-02-14/6898851311266370333.html。

金监管责任落实到位,防止资金抽逃,不能出现新的交楼风险"。①

实际上,已经有一些地区开始探索取消商品房预售制的可能性。广东省最早于2019年出台了《关于商品房预售制意见通知》,表示将逐渐探索商品房现房销售制度和取消商品房预售制度的可能性;海南2020年发布《关于建立房地产市场平稳健康发展城市主体责任制的通知》,要求商品房增量,即新出让土地建设商品房全部实行现房销售制度;湖南省在《推进新建商品房"交房即交证"改革实施方案》中明确规定,自2022年起全省所有城镇规划范围内新取得国有建设用地使用权的预售商品房必须"交房即交证";2023年2月7日,河南省住房和城乡建设工作会议明确2023年将进一步规范商品房预售资金监管,逐步提高预售门槛,以郑州、开封为试点探索预售制度改革和现房销售;四川、山东、安徽等省2023年初也陆续发布了试点现房销售的政策。

以上各省的实践表明了房地产销售增量上取消预售制的政策导向。这就涉及两个问题,一是房地产存量如何解决;二是从试点向全国推广的时间节奏应如何安排。从逻辑上讲,取消预售制转向现房销售是必然趋势,但问题在于社会能否承受转型过程中的"阵痛"。

在预售制下,房地产开发商一方面得以扩大信用,财务上已处于高杠杆状态;另一方面预售款管理松弛,开发商大多未把预售款在项目中闭环使用,即从某一项目收取的预售款仅限于本项目使用,而是把所有预售款放进资金池子在多个项目之间混合使用。因此在从预售制向现房销售的转型过程中,当各地政府为了完成本地的保交楼任务,同时要求冻结预售款在本地项目时,房地产商几乎必然出现爆雷问题。正如抢凳子游戏,10个小朋友面

---

① 澎湃新闻:https://m.thepaper.cn/newsDetail_forward_21955519。

对 7 个凳子，只要每次小于 7 个小朋友落座，那么凳子是足够的，但突然每个小朋友都要求对应一个凳子时，就必然出现 3 个小朋友没有凳子的情况。当要求所有预售资金和项目都一一对应时，注定出现一些项目没有资金可用而陷入烂尾，产生新的交楼风险。

正因如此，有人认为"当前并不是大范围推行现房销售的好时机，现房销售对企业来说资金压力太大，销售回款周期大幅拉长，在许多企业面临流动性压力的当前，无异于雪上加霜"[1]。

考虑到我国房地产和房地产企业目前的实际情况，结合我们面临的严峻的内外部经济环境，对预售制的调整只能是逐步优化，留足时间窗口，以三至五年的时间实现转型。目前阶段，政府可以从两个方面入手推进房地产从预售制向现房销售的转型：一是加强对房地产企业的甄别。对真正资不抵债（房地产企业沉淀资产出售后仍不能完成预售项目建设）的企业限制其进一步扩大融资，推动该类型企业进入资产重组流程；而对资产充足仅存在流动性问题的企业，政府可通过谨慎的金融支持敦促企业按期完成预售项目交付。二是加强资金监管。对新增贷款和新增预售款，政府要按照专款专用和分期支付的原则严格监管房地产企业资金支出，并把资金监管制度长期化。那么，如何实现资金监管呢？他山之石，可以攻玉。我们可以学习借鉴一些国外经验。

国际上发达国家房地产预售制度也十分普遍，主要是为了减少房地产需求的不确定性，而非如中国房地产一般主要利用预售制的融资功能。在资金管理上，发达国家与我国预售制度的重要区别也在于，中国预售款包括定金、预售款和个人按揭，几乎都是一次性地进入开发商的资金账户；而发达

---

[1]《中国多省推进现房销售试点》，《联合早报》，2023 年 2 月 9 日。

国家对预售款的支付节点和支付比例实施严格控制，按照工期进展分期支付相应比例。如德国通常在签订购房合同时并不付款，而在实际开工后支付10%的预售款，在主体封顶后再支付30%的预售款，然后再按照装修进度支付相应金额。法国预售款则是房基建好后支付35%，封顶支付35%，所有基本设施工程完工后支付25%，最后5%验收房产时结清。新加坡购房者在合同签订后首先支付20%的预售款，房基建好后再支付10%的预售款，整体框架完工后支付10%的预售款，砖墙、房顶、电线铺设、水管、门窗安装，车库、道路和排水系统等完工时分别支付5%的预售款，确定房屋产权后支付25%的预售款，全部项目建成时支付最后15%的预售款。[①]因此，我国预售制改革可以从引入监管入手，按照开发商的建设进度分期、分批支付，并在每个环节明确设定支付比例。

谁来监管预售款呢？从目前各城市出台的监管方案看，虽然各自都明确引入了预售款的专门账户管理，但最终的资金监管权都落在了商业银行或者地方监管机构身上。考虑到地方政府、银行和开发商三者之间难以清晰界定关系，目前这种监管方案仍不完备。未来一个可以参考的方向是：第一步引入商业银行与独立第三方（工程监测机构和律师代理机构）的共管账户，第二步是逐步过渡到完全独立的第三方监管机构。这也就要求国家政策方面支持独立第三方服务机构的成立和发展。

三至五年的转型期过后，待我国内外经济环境逐渐优化，房地产企业财务危机逐渐缓和，各种第三方服务机构逐渐兴起，房地产市场逐渐稳定，我国房地产就可从预售制全面转向现房销售。

---

① 巴曙松：《房地产大周期的金融视角》，厦门大学出版社，2012年版，第168—169页。

2. 调整企业融资结构

中国房地产业目前令决策层尤为担忧的是房地产过度金融化使房地产业聚集的风险传递至金融系统,再通过金融系统的触角转化为更大范围的系统性风险。为了有效防范和化解系统性风险,客观上就要求"有效防范化解优质头部房企风险,改善资产负债状况",这一任务在经历 2022 年夏季"断供"潮风波后变得极为迫切。

从资金来源占比来看,2015—2021 年我国房地产开发企业自筹资金约占 1/3,近年来自个人的定金和预售款略超 1/3,来自企业国内银行的贷款及个人按揭贷款合计约占 30%,利用外资和其他资金合计约占 5%(见表 5-1)。其中,个人按揭贷款虽来自商业银行,但实际的债务责任属于购房者家庭和个人,因此近两年家庭部门实际提供了超过 50% 的房地产企业可用资金。在目前加强预售款监管、降低购房者个人参与房地产融资的政策导向,必然导致房地产企业出现很大的资金缺口。

表 5-1　2015—2021 年我国房地产开发企业资金来源占比　　　单位:%

资金来源	2021 年	2020 年	2019 年	2018 年	2017 年	2016 年	2015 年
企业国内银行贷款	11.6	13.8	14.1	14.5	16.2	14.9	16.1
利用外资	0.1	0.1	0.1	0.1	0.11	0.2	0.5
自筹资金	32.5	32.8	32.6	33.5	32.6	34.1	39.2
定金、预售款	36.8	34.5	34.4	33.5	31.2	29.1	26.0
个人按揭贷款	16.1	15.5	15.3	14.2	15.3	16.9	13.3
其他来源	3.0	3.3	3.6	4.2	4.6	4.9	5.2

数据来源:国家统计局年度数据。

从融资结构来看,我国房地产企业以债权融资为主,监管部门对房地产股权融资长期持谨慎态度。在房地产过热时期,房地产在股权市场融资之后会继续买地，推高地价房价，不利于抑制房地产过度投机和房价过快增长。因此，A股市场自2010年起对房地产行业股权融资政策开始收紧，之后涉房企业上市、再融资和重大资产重组等事项基本停滞。于是，房地产企业这些年在同一个项目上层层叠加债务，包括底层有具体项目支撑的经营贷、固定收益类资产证券化、项目公司的质押贷款、定金＋预售款、通过银行发行的理财产品；在集团层面，凭企业的信用评级，再进行信用融资，如商业银行给房地产集团公司的授信额度、通过机构发售的债券类理财产品，这相当于在同一个资产上又叠加了一层债务。

目前，要防范化解房地产系统风险，客观要求对房地产企业降杠杆，这就要求一方面限制房地产负债进一步增加，使其逐渐削减负债规模；另一方面则是补充权益，通过股权融资替换债权。从长远来看，政府也应该逐步放开优质房地产企业的股权融资，原因有三：一是银行类金融机构的资产过度集中在房地产行业，已经给我国以商业银行为主体的金融体系带来巨大风险，如果说在房地产高速发展阶段，银行可以通过支持房地产公司获益，那么在房地产行业进入转型期、低速增长期，其风险对银行来说就过高了，房地产融资应转向对风险容忍度更高的股权市场。二是房地产公司在发展过程中沉淀了很多利润率低、回报周期长的项目（很多是买地时地方政府的配售项目，或城投公司代地方政府运营的基础设施、公共服务类项目），通过债转股，可以有效降低房地产公司的债务水平和偿债压力。三是以股权融资为杠杆，加速房地产行业资产重组，鼓励和支持符合新发展理念的房地产企业或板块加快发展。

事实上，2022年11月28日，证监会提出要"加大权益补充力度，促进房地产市场盘活存量、防范风险、转型发展"，并决定在股权融资方面调整优化五项措施：一是恢复涉房上市公司并购重组及配套融资；二是恢复上市房企和涉房上市公司再融资；三是调整完善房地产企业境外市场上市政策；四是进一步发挥公募 REITs 盘活房企存量资产作用；五是积极发挥私募股权投资基金作用。其中有关第一项加速房地产行业重组出清，目前国内有超过 10 万家房地产开发企业，其中在此轮房地产业调整中部分资本规模小、经营不善的企业将被淘汰。第二、第三项措施增加房地产企业上市融资和再融资，改善优质房地产企业资产负债表。第五项措施发展私募基金，包括私募股权基金、私募不动产信托基金等，让房地产融资面向风险偏好更高、承担损失能力更强的权益投资人。2023 年 2 月 20 日，证监会宣布启动不动产私募投资基金（私募 REITs）试点，同日，中国证券投资基金业协会发布《不动产私募投资基金试点备案指引（试行）》。发展私募 REITs 的关键政策文件已落地。然而，私募基金大规模发展以能在第四项公募 REITs 中顺利退出为前提，公募 REITs 的发展可实现有稳定现金流、价值丰厚的优质项目面向社会融资。

3. 发展公募 REITs

REITs 全称 Real Estate Investment Trusts，即不动产投资信托基金，最早是在 20 世纪 60 年代被美国发明，这种信托基金通过发行证券向投资者融资，基金发起人融到资金后再去投资和经营不动产，或者贷款给开发商或经营者去投资不动产，挣到租金或者利息后，给投资者持续稳定的分红。同时，如果投资的不动产增值，投资人还可以在二级市场上出售 REITs 份额获得增值收益。近两年 REITs 也是中国房地产发展的热点，被赋予了解决诸多房地产发展困境的重要意义，如房地产企业高杠杆困境、地方政府土地财政困境、共同富裕的财富基础等。

为什么说中国的 REITs 市场必然会发展起来呢？因为发达国家超过半

个世纪的实践，显示一个国家房地产进入存量市场后REITs就成为比较合理的投融资方法。按照国际经验，全球主要发达国家REITs市场规模占GDP比重大多数在3%~9%，而新加坡为例外，REITs占GDP比重高达20.45%。

REITs能够从投、融资两方面解决房地产的重资产特征带来的局限性。从投资者角度来看，个人要参与不动产投资十分困难，但是资产证券化之后，普通人都能通过购买REITs证券来投资，获取相应的分红和增值收益，分享商业繁荣带来的财富增长。如一座商场投资上亿元，绝大多数的普通老百姓全无可能去投资，进而获得商场的租金或资产增值收益。但通过REITs一座商场被切割成上亿份，每份几块钱，则普通人都能够通过购买REITs从中获益。同样地，在以基础设施、产业园、仓储物流、商业景区等为基础资产的REITs中，老百姓可以通过小面值的证券投资间接持有这些资产，从而共享城市和社会发展带来的普遍收益。而在没有公募REITs的情况下，相应地，收益只能归大资本所有人或投资机构享有，财富积累的马太效应会让有钱人越来越有钱，没钱的却始终不能参与到社会发展过程资产价值增长的收益分配当中，这本身是市场经济贫富分化扩大的首要原因。

从融资者角度来看，因不动产的重资产属性，即投资基础设施或一个产业园需要的资金额太大，投资成本回收时间太长，所以在没有REITs的传统模式下，不动产权益人需要大量举债才能保有所有权。他们不断地借新债还旧债，不断扩大信用，进入债务滚雪球式增长的状态，或者提高资金周转率，手中的建设项目快速脱手，尽快进入下一个项目。这也是中国此前20年房地产（广义）经营者——地方政府和房地产开发商的状态，他们债务规模越来越大，随时可能出现资金链断裂和资不抵债的状况。对他们来说当房地产项目建成后也需要一个退出渠道，以实现资金回笼。REITs显然能盘活全国各地大量的存量资产，给基础设施和房地产投资提供退出渠道，降低地方政府和开发商的负债水平。因此，不动产投资信托基金REITs的发展，即不动产的证券化似乎成为中国的必然选择。

然而，事实上，中国对发展REITs一直比较谨慎。作为发达国家比较常见的投资工具，REITs自2000年以来一直是中国金融监管层的重点研究对象。我国自2003年开始研究REITs的可行性，但在长达十几年的时间里一直没有正式的REITs产品上市，直至2020年我国境内公募REITs才开始进入实质性发展阶段。

2020年4月，中国证监会和国家发展改革委发布《关于推进基础设施领域不动产投资信托基金（REITs）试点相关工作的通知》，告知公众中国要探索公募型基础设施领域REITs试点。同年9月，上交所和深交所发布各自的基础设施REITs募集办法，正式承接试点工作。2021年1月，上交所和深交所正式发布REITs业务配套规则，为基础设施公募REITs业务明确了相关业务流程、审查标准和发售流程，这标志着我国的公募REITs市场正式启动。

2021年5月31日，中国第一批公募REITs开始发售。第一批总共发售了9只产品，对应的资产既有产业园、高速公路、物流仓储等基础设施项目，也有环境治理等公共事业。比如苏州产业园、深圳蛇口产业园、沪杭甬高速公路、首创的污水处理项目、首钢的垃圾焚烧发电项目等。2022年5月19日，国务院办公厅发布《关于进一步盘活存量资产扩大有效投资的意见》（国办发〔2022〕19号），进一步明确推动基础设施领域不动产投资信托基金（REITs）健康发展，鼓励更多符合条件的基础设施REITs项目发行上市。2022年5月27日，中国证监会办公厅与国家发展改革委办公厅联合发布了《关于规范做好保障性租赁住房试点发行基础设施领域不动产投资信托基金（REITs）有关工作的通知》，当日，厦门安居集团有限公司 REITs 项目、深圳人才安居 REITs 项目分别向沪、深交易所正式提交了申报材料，并向中国证监会申报，成为全国首批正式申报的保障性租赁住房 REITs 项目。截至 2022 年 8 月底，中国公募 REITs 发行产品达 17 只（见表 5-2、表 5-3）。从已发行的 REITs 看，主要有这么几个显著特征：

表 5-2　首批公募 REITs 发行交易情况

名称	蛇口产业园	张江光大	苏州产业园	盐港REITs	中金普洛斯	广州广河	沪杭甬高速公路	首钢绿能	首创水务
所属地区	粤港澳	长三角	长三角	粤港澳	京津冀	粤港澳	长三角	京津冀	粤港澳
资产性质	产权					特许经营权			
底层资产行业	产业园区			仓储物流		高速公路		生态环保	
发行规模（亿元）	20.79	14.95	34.92	18.4	58.35	91.14	43.6	13.38	18.5
公众投资比例（%）	11	13	10	12	8	6	4	12	7
收益率（%）	41.99	43.98	28.69	48.74	39.1	-4.27	6.56	28.7	39.57

数据来源：泽平宏观：《中国公募 REITs 研究报告 2022》，数据截至 2022 年 8 月 15 日。

表 5-3　新上市 8 只 REITs 发行交易情况

名称	中关村REITs	越秀高速	中国交建	中国铁建	深圳能源	中金厦门	红土深圳	华夏北京
所属地区	京津冀	长江中游	长江中游	成渝地区	粤港澳	海峡西岸	粤港澳	京津冀
资产性质	产权			特许经营权				
底层资产行业	产业园区	高速公路			清洁能源		保障性租赁住房	
发行规模（亿元）	28.8	21.3	93.99	47.93	35.376	13	12.42	12.55
公众投资比例（%）	9	9	8	9	9	11.2	12	12
收益率（%）	49	24.75	1.67	6.06	37.96	30	29.99	30

数据来源：泽平宏观：《中国公募 REITs 研究报告 2022》，数据截至 2022 年 8 月 15 日。

首先，基础设施是我国REITs探索的首要领域。从2020年4月的文件看，我们首先探索的是"基础设施REITs"，而其他发达国家在REITs发展早期一般对应的底层资产是商业地产，如综合商场、写字楼、租赁住房等，后来才扩展到基础设施、仓储、医疗保健类，而中国从基础设施开始，结合2020年依然在严控房地产的政策背景，就避免了让REITs沦为当时已开始爆雷的房地产企业的融资通道。而我国基础设施存量大，大部分为地方政府持有，便于从中选择优质项目进行试点。

其次，重点区域和重点行业成为REITs试点领域。证监会和国家发展改革委明文划出了试点的重点区域和重点行业。已发布的17只REITs，从地区看，集中在长三角、粤港澳、京津冀、长江经济带等重点区域；从行业分布看，底层资产从最初的产业园、高速公路、仓储物流到现在的保障性租赁住房、清洁能源等。也就是说通过REITs增加了对重点区域和重点产业发展的资金支持力度，反过来，也将资金引导至这些重点区域和重点产业，让投资者获得可靠回报。

再次，REITs申报项目须权属清晰，收益稳定。文件要求申报项目必须权属清晰无纠纷，且已经开始形成稳定收益。此外，证监会和国家发展改革委还规定，REITs的原始权益人和关联方战略投资比例需超过20%并锁定5年不准出售。在公开发售的份额里，还得有超过70%的比例售予银行、保险、QFII等专业机构投资者，其余份额才可以向公众公开发售。因此首批9只REITs公众投资比例最高不过13%，最低只有4%。这些要求进一步降低了公众投资的风险，让发起人和专业机构用实实在在的自有资本为散户把关。

最后，当前公募REITs收益整体较好。我们看到目前17只公募REITs总体获得极为不错的收益，截至2022年8月底，除广州广河跌破开盘价外，其余16只收益率仍为正，最高一只涨幅达49%。一方面，说明试点项目确实是优中选优，获得了市场的肯定。另一方面，从资本市场反映来看，REITs这种新的投资需求非常旺盛，REITs未来将进入更多的底层资本类型。目前已发售的3只保障性租赁住房REITs表现也十分优秀，可预见，REITs未来必然涵盖商业地产。因为从全球经验看，商业地产REITs是市场的最重要部分，而中国商业地产存量大，未来REITs将有很大发展前景。

公募REITs作为存量不动产投资的重要渠道，并且已经过试点取得不错的效果，未来一定会成为中国房地产发展的重要工具，其主要原因有三个：

（1）公募REITs能够为房地产铁三角"地方政府—房地产开发商—商业银行"解套。我国房地产是建立在地方政府土地财政、开发商不断扩大信用进行投资建设和商业银行对地方政府、开发商和购房人提供信贷支持的基础之上。经过20年的房地产繁荣发展，铁三角都被绑定在房地产之上，其中地方政府和开发商债务规模过高。财政部披露，截至2022年6月末，全国地方政府债务余额为34.75万亿元，其中专项债务超过20万亿元，大部分用于城市建设和公益类项目投资。在近两年爆雷事件中我们也窥到了房地产开发商债务规模之大，同样开发商们也有不少资产沉淀在房地产项目里。公募REITs的出现，为地方政府和不动产运营商提供了一个退出渠道，有助于降低其杠杆水平，优化我国的金融结构。同时企业融资由债务融资转变为权益融资，可以降低企业债务融资所带来的财务成本。

（2）公募REITs能够为中产收入阶层寻找新的投资渠道和财富存在形式。房地产过去20年广受追捧，一个重要原因是中国中产阶层的财富需要凝聚在一定的形式上，房产就成为重要形式，中国家庭70%以上的财富以房产形式存在。然而，目前一、二线具有发展潜力的城市房产价格水平过高，新市民已很难轻松购买，而有房户的新增资产也需要新的投资形式。那么以基础设施、房地产等不动产为底层资产的REITs以比较稳定的收益率可成为新的财富积累形式。专家估计，参照发达国家的一般水平，中国REITs规模未来将达到10万亿元，可成为民众间接投资不动产、分享社会发展红利的重要补充形式。我国也正在鼓励个人建立养老金账户，用养老金账户内的资金投资REITs产品，这满足了两方面的需求，既增加了建设资金的供给，又扩大了民众共享发展收益的渠道。

（3）公募REITs能够为中国房地产新发展模式提前减压。未来房地产发展模式将以轻资产模式为主，不动产经营者发展居住服务业需要从高负债和快速周转中解脱出来。租购并举，保障性租赁住房和商业租赁成为实现居者有其屋的重要方式，要求有其他主体共担不动产投资成本。已发行的REITs中有3只底层资产为保障性租赁住房，这也是房地产改革的试验，让未来房地产新模式能轻装上阵。

（二）非住房功能疏解

我国房地产行业身上附着很多其他功能，导致房地产的政策调整牵一发而动全身，也使产业的健康发展受制于其他因素，只有把房地产的非居住功能解绑，中国房地产才能轻装前行，尽快实现向新发展模式的转型。

1. 地方财政纾困

我国房地产转型最沉重的掣肘是地方政府的土地财政。地方政府土地出让金已达地方政府一般预算收入60%的规模，以城投公司为运作主体的土地金融更是承担了地方政府的基础设施建设与运营、公益服务、产业园开发建设与运营等多种业务开支。因此，房地产业在转型的同时，需要为地方政府财政纾困，在房地产发展的新模式中增加地方政府的税收来源，以摆脱对土地依赖。

从国际经验看，政府对成熟的房地产市场征税主要体现在两个环节，一是房产交易税，二是房产保有税。前者是产生房产买卖时所征收的税种，如交易契税、印花税、增值税、个人所得税等；后者是对持有房产征收的税种，如房产税、地税。对这些税的税率设定和征收方法的设计也是房地产调控的重要手段。按照国际惯例，不论是交易税还是保有税，都实行税率累进制，越是高端住房，征收的税率越高。

在交易环节，大城市为遏制住房频繁交易根据是否唯一住房或首次购买、是否普通住房、房产持有时间是否满两年或满五年等条件制定了差别税率，如北京2010年二手房交易税率规定，契税基准税率为3%，但若是首次购买面积不足90平方米的普通住房，则优惠税率为1%；若首次购买超过90平方米的普通住房则缴纳交易总额的1.5%。个人所得税，则是以家庭为单位唯一住房且购买时间超过5年免征个人所得税，否则按两次交易差额的20%缴纳个人所得税。印花税则从2009年起针对个人免征。我国交易税虽按照累进制征税，但总体税率不高，如交易契税，我国仅对买方征收，且最高税率等级只有3%，而新加坡的印花税对买卖双方同时征收，特别对卖方征收印花税，自住型住房最高税率可达16%，非自住型住房高达20%。

我国在交易税上还有很大的增长空间。在提高交易税税率政策下，政府应建立两项补充政策：一是依托大数据，以法治手段增大逃税成本，最大限度杜绝偷税漏税。例如，此前房产交易时征收个人所得税就存在巨大漏洞，中介和房主可以通过做低合同价减少或逃避缴纳个人所得税。二是制定针对中低收入群体的合理税收抵扣政策，如对首套唯一住房，可用抵押贷款抵扣个人所得税，降低中低收入刚需群体购房时的税费负担。

在房产的保有环节，目前主要政策是尽快落实房产税。自 2011 年设立上海和重庆为试点后，我国房产税改革多次提出试点扩容，都被叫停或不了了之，可见房产税推行难度之大。目前，实施房产税的先导条件要尽快落实。一是加快房地产管理数字化进程。建立全国城乡统一的不动产登记平台，开展全国范围住房普查行动，完善住房基础数据，构建房地产基础信息数据库，实现住房登记、交易数据全部上网，且支持全国联网、实时查询。二是对房产的产权统一界定，央产房、小产权房、集资房、房改房等不同来源、不同类型的房产简化产权性质，统一价格评估办法，统一制定税收标准。三是进行税收结构调整，合并相关税种。政府对多种不同税收如房产税、地税、物业税进行统一征收，简化税基和税额计算方法。四是完善、修订相关法律，扩大宣传，让纳税人了解、接受、监督、主动申报该项税收。

总结上海、重庆房产税试点经验，应扩大税基，对增量和存量同时征收，建立全口径征税体系，不仅对增量房产征收，最重要的是扩大到存量房产；提高总体税率水平，制定税差显著的累进制税率，沪渝试点只有 2~3 级累进税率，新加坡则在 6~7 级；建立完善的住房价格评估体系；统一税种，避免重复征税；为完善立法提供有力保障等。[①] 虽然从各方讨论看，沪渝两地的房产税试点对抑制房价的作用并不明显，且征收规模与土地出让金收入相比不足以代替后者在地方财政中的地位，但是房产税有其重要意义，全国普遍征收房产税属于必然之举。房产税的征收，一是有利于健全税制。我国税收普遍是间接税而缺少直接税，房地产税作为一种持有环节的直接税，其征收有助于降低中国房地产企业的间接税；二是能够在一定程度上遏制炒房行为；三是提升房产持有环节成本，有益于资源优化配置和租赁市场

---

① 任泽平等：《房地产周期》，人民出版社，2017 年版，第 394~395 页。

形成；四是促进居住资源公平分配。

2. 户籍、学籍与住房脱钩

从购房者的角度看，恢复房产的居住功能也意味着其他因制度和政策附着在房子上的其他功能的解绑，目前主要的是户籍和学籍。前者涉及户籍制度，后者涉及义务教育的均衡发展。

根植于农业经济的户籍制度，在我国基本完成工业化后已经明显松动。党的十九大报告强调"要破除妨碍人才和劳动力社会性流动的体制机制弊端"，党的二十大报告进一步将其表述为"要破除妨碍人才和劳动力流动的体制和政策弊端"。这里的流动，既包括过去的政策焦点农民工进城，又包括现在越来越突出的城镇劳动力从小城镇到中等城市，从中小城市到大城市和超大城市的流动，同时也包括城市人口从大城市向小城市的反向流动。2022年7月，国家发展改革委印发的《"十四五"新型城镇化实施方案》要求深化户籍制度改革，给出了更明确的户籍改革路线图，"放开放宽除个别超大城市外的落户限制，试行以经常居住地登记户口制度。全面取消城区常住人口300万人以下的城市落户限制，确保外地与本地农业转移人口进城落户标准一视同仁。全面放宽城区常住人口300万~500万人的Ⅰ型大城市落户条件。完善城区常住人口500万人以上的超大特大城市积分落户政策，精简积分项目，确保社会保险缴纳年限和居住年限分数占主要比例，鼓励取消年度落户名额限制"。①

根据中央文件精神，2022年，不少城市已经出台相应政策放宽落户条件，如郑州市于9月放宽中心城区落户条件，只要在中心城区具有合法稳

---

① 中华人民共和国国家发展和改革委员会网站，https://www.ndrc.gov.cn/fggz/fzzlgh/gjjzxgh/202207/t20220728_1332050.html。

定就业或合法稳定住所（含租赁）的人员，不受社保缴纳年限和居住年限的限制，不仅本人，且一起居住生活的配偶、子女和父母，均可在郑州申请落户。其他城市如济南、昆明、大连等也都相继出台政策，全面放开落户条件。随着中国人口下降，各城市的"抢人才大战"逐渐变成"抢人大战"，落户限制未来可能仅在部分一线城市的中心城区实施，从全国范围来看，放开落户限制是必然趋势，买房落户将成为历史。

教育已上升到关系国家前途命运的重要地位，也是中国经济发展最明显的短板，这里仅就其与房地产相结合造就的学区房现象而言，反映了中国城市教育资源分配不均。特别是在一线城市，住房与学籍挂钩，住房所对应的学区优势就体现为学区房的显著溢价。比如在北京，西城区优质学区房在价格高点时可达20万元/平方米，一些四合院中的小平房、地下室都卖出了天价。

近两年，为整治学区房乱象，北京在推进义务教育阶段"双减"工作的背景下，陆续落地了多校划片、教师轮岗、二手房指导价和"校额到校"的政策，特别是2022年9月全市所有区全面开展教师轮岗制度。除北京外，深圳、上海、常州、大连、威海、济南、开封等多个城市也已经展开或即将展开教师轮岗制度。以深圳为例，2021年8月就提出要推行大学区招生，建立义务教育阶段"校长教师交流轮岗制度"，以促进义务教育优质均衡发展，该措施于2022年7月经深圳市人大常委会表决通过开始正式实施。在这些政策影响下，北京、深圳已出现学区房成交放缓和价格下跌的情况。种种迹象表明，学区房也将逐渐退出历史舞台。

（三）加强战略性规划

我国人口已进入负增长时代，房地产的区域分化将明显加剧。房产跟着

人口走,要合理规划房地产发展,避免出现像日本那样的大面积空置房,必须提高战略规划能力,让"产业跟着规划走,人口跟着产业走"。当制造业和服务业规模发展起来了,人口就增加,土地供应跟着人口和产业走。

参考日本2008年进入人口负增长后的流动趋势可以得出结论,在房地产总体放缓、房价长期趋于稳定的背景下,人口更容易向中心城市的中心城区聚集,而非分散在中小城市。而我国城镇化战略长期倾向于"控制大城市人口,积极发展中小城市和小城镇",长期以来建筑用地指标向二、三线城市倾斜,而对一线城市严格控制新增住房建筑用地,导致人地分离现象严重。某些二、三线城市人口增长已停滞甚至开始下降,但土地供应充足,而一线城市人口仍在流入,土地供给却严重不足,这也是一线城市"地王"产生的重要背景。未来城市建设规划和用地指标应充分考虑人口流动规律。

事实上,2014年3月16日,中共中央、国务院印发的《国家新型城镇化规划(2014—2020年)》已提出要"优化城镇化空间布局和形态",确立了城市群为新型城镇化主体形态,并规划了19个城市群建设。当前多数城市群发展处于不成熟阶段,培育都市圈是从城镇化到城市群的中间阶段,在都市圈建设规划中,"引导都市圈产业从中心至外围梯次分布、合理分工、链式配套,推动产业园区和创新基地合作共建",并"率先在都市圈推动规划统一编制实施,探索土地、人口等统一管理"。而小城市建设目标是增强发展活力,并特别指出小城市要"顺应城市兴衰规律,顺势而为、因势利导,引导人口流失城市严控增量、盘活存量,促进人口和公共服务资源向城区集中"。[①] 2019年2月19日,国家发展改革委又出台《关于培育发展现代化都市圈的指导意见》,明确指出:城市群是新型城镇化主体形态,是支

---

① 中华人民共和国国家发展和改革委员会网站,https://www.ndrc.gov.cn/fggz/fzzlgh/gjjzxgh/202207/t20220728_1332050.html。

撑全国经济增长、促进区域协调发展、参与国际竞争合作的重要平台；都市圈是城市群内部以超大特大城市或辐射带动功能强的大城市为中心、以1小时通勤圈为基本范围的城镇化空间形态。至此，中国的城市化进入"县城/城镇—都市圈—城市群"的三级发展形态。2022年，国家发展改革委印发《2022年新型城镇化和城乡融合发展重点任务》，将"城镇建设用地增加规模与吸纳农业转移人口落户数量挂钩"，区分不同人口流动城市，"以人口净流入的大城市为重点，扩大保障性租赁住房供给，着力解决符合条件的新市民、青年人等群体住房困难问题"。

以上中央城镇化发展规划文件表明：①根据人口流动对不同城市采取不同政策，把建设用地和房地产发展与人口流动挂钩，不再任由地方政府盲目发展；②从城市发展的战略导向上，集中发展规划中的城市群、都市圈和圈内城镇，引导人口向这些地方集中；③产业规划强调区域协调发展，供应链、产业链在城市群内梯次分布、链式配套，避免各地重复建设。总体而言，国家战略规划性的增强，有利于引导地方政府在房地产发展和老百姓在定居地选择和房产购置时参考国家战略导向，避免重复建设和投资浪费。

二、推进产业转型：从开发建设转向社区服务

从宏观上看，我国房地产业的发展正在从增量市场转入存量市场。对于这一趋势的出现，可以用三个指标来衡量：一是我国城市化率已接近70%。尽管城市化率仍有上升空间，但空间有限。二是房地产供给已相对饱和。目前我国城镇人均居住面积已增至40平方米以上，住房套户比已达1.1，从满足居住需求的角度来看，房地产供给已相对饱和。三是我国人口总量已进入下降通道。基于此，我国房地产的增长动力已衰竭，普涨预期已经消逝。这

导致我国房地产业过去那种以"买地—开发—建造—出售"为主流程的提供住房增量的运行模式已不可行，整个房地产行业面临转型，即转向如何做好住房的存量市场。

（一）房地产存量市场的发展逻辑

房地产市场从增量转向存量，意味着什么？房地产增量市场以投资建设为主，企业利润在房屋出售、交付之后基本结束，是一种类似制造业的产业形式；存量市场则是以住房为端口，提供住户所需的服务为主，属于服务业的范畴。从增量市场转变为存量市场，意味着房地产业从制造业向服务业的转型，这两种形态下，房地产的运行逻辑存在重大差别。

制造业服务业化是我国工业化基本完成后普遍出现的社会现象，也就是说，以前以生产实体产品为主，对企业而言将产品售卖出去，产业链就基本完成。对房地产而言，就是从土地投资、开发、建设到销售，当住房被售卖结束，除了简单的基础物业服务，房地产企业的主要功能就已完结。而现在制造企业逐渐转向以实体产品为平台和端口，为使用者提供相关和周边服务为主的产业，对房地产业意味着要转型为以住房为端口，为社区、空间、资产、生活提供运营及服务。

自从党中央提出房地产发展"长效机制"和"新发展模式"以来，一些地产龙头企业已纷纷转型，如万达集团从自建购物中心转向"托管"购物中心，万科从自建商品房转向"代建"商品房。万科专门成立物业公司万物云，以增加物业服务板块。

清华大学中国经济研究中心常务副主任宁向东在谈到房地产业时指出，"过去房地产商拿到地，找个设计院，出个图纸，就开始盖房子，然后，就卖房子点钞票。……那个时代将一去而不复返"。而作为朝阳产业的房地产业,"开发商是居家养老、社区养老的最前端,卖房子是第一步,提供好的、有针对性的物业服务,是第二步。如果你前面做得好,与客户之间建立了信任,我觉得后面就会有巨大的产业发展机会。也正是在这个意义上,我认为房地产业是朝阳产业"。①

也就是说,过去作为房地产附属品的"物业+社区"将成为未来房地产的主业,当然这里物业的内容将被极大地拓展。

除了目前物业提供的维修、卫生、绿化、安保等基础服务之外,还包括十分广泛的解决业主生活难题的增值服务:

(1)家装服务。每家每户耗时两三个月、无数踩坑的装修,效率低下,耗时耗力,且引起住户矛盾不断,物业可以提供统一硬装、定制软装这样的服务。

(2)托育、托管服务。物业可以提供针对婴幼儿的育婴育儿服务,针对低学龄孩子的接送上下学服务、课后托管服务。

(3)健康养老服务。我国养老产业的大方向就在社区居家养老,它最需要的核心能力,第一是对老旧小区的改造及基础物业管理能力,第二是针对居民做一些具有老人护理特征的增值服务。

(4)宠物上门喂养和寄养服务。

(5)家政卫生、上门做饭服务。

(6)社区团购、买菜服务。

(7)跳蚤市场、文艺活动、业余爱好群体的组织服务。

(8)房屋托管、出租、保养服务。目前不少物业公司已经开展兼职房屋中介工作。

---

① 得到 APP 课程,《〈宁向东的清华管理学课〉第 150 讲:房地产还是朝阳产业么?》。

凡是有助于提高社区生活质量、适应人口老龄化趋势的服务，都将是房地产发展的新空间。虽然物业和社区生活服务现在有大量商业机构在参与，但总体良莠不齐、水平较低，服务质量不能得到保证。房地产以资本优势对各种资源进行整合，采取一站式服务超市的方式集中提供给本社区居民，将是未来趋势。

从国家政策导向来看，房地产业转型"物业 + 社区"受到国家十个部委的政策鼓励与支持。2021 年 1 月，住建部、中央政法委、文明办、国家发改委、财政部、人社部等十个部委联合印发了《关于加强和改进住房物业管理工作的通知》（建房规〔2020〕10 号），文件中明确指出："鼓励有条件的物业服务企业向养老、托幼、家政、文化、健康、房屋经纪、快递收发等领域延伸，探索'物业服务 + 生活服务'模式，满足居民多样化多层次居住生活需求。引导物业服务企业通过智慧物业管理服务平台，提供定制化产品和个性化服务，实现一键预约、服务上门。物业服务企业开展养老、家政等生活性服务业务，可依规申请相应优惠扶持政策。"

甚至提出，"鼓励物业服务企业运用物联网、云计算、大数据、区块链和人工智能等技术，建设智慧物业管理服务平台，提升物业智慧管理服务水平。采集房屋、设施设备、业主委员会、物业服务企业等数据，共享城市管理数据，汇集购物、家政、养老等生活服务数据"，以形成"智慧预警、智慧研判、智慧派单、智慧监督"[①]。

以上国家政策已表明，政府在房地产转型物业服务方面的认识远领先于市场中房地产企业转型的步伐：一是明确提出了"物业服务 + 生活服务"模式；二是强调了数字技术要广泛应用到居民服务当中，把居民生活和数字经

---

① 中华人民共和国中央人民政府官网，http://www.gov.cn/zhengce/zhengceku/2021-01/05/content_5577326.htm。

济的发展结合起来。中国房地产业中的远见之士应深刻领会文件精神，做好房地产业从开发建设向社区服务的转型升级。

（二）典型案例

1. 物业服务新秀愿景集团[①]

愿景集团全称"愿景明德（北京）控股集团有限公司"，成立于2018年，是链家创始人左晖生前创办的企业，其发展定位是"美好社区运营商"，核心业务包括城市有机更新、租赁社区建设与运营、不动产投资基金等，目前主要专注于第一部分"城市有机更新"，实质上就是城市老旧小区物业改造。目前愿景集团已经布局北京、山东、湖南、重庆、贵州、广东等多个省市，据悉在全国签约管理的老旧小区已经有2.1亿平方米，预计服务700万人。

愿景集团最被人称赞的是以"微利可持续"来经营小区物业，它的首个项目是北京劲松北里小区物业项目。劲松北里小区距离北京国贸CBD不到4千米，属于寸土寸金之地，但因建成于20世纪70年代，所以环境差、配套设施不足、没有物业管理。愿景公司成立不久就接手了该小区的物业改造，最后不仅把该小区的物业管理做到了让业主满意，而且物业费只有0.43元/平方米，大约是北京物业平均水平的1/5。为什么愿景集团能够用很低的成本提供令业主满意的服务呢？因为公司在小区管理和物业服务上做了很多微创新，让人拍案叫绝。

比如，愿景集团解决小区居民因捡垃圾引发的问题的妙招。老社区里经

---

① 该案例参考何帆：《变量5》，新星出版社，2023年版。

常有不少中老年居民捡纸壳、捡矿泉水瓶等，再卖给废物回收站换点儿零钱。这种行为往往招致子女反对，引起家庭矛盾，还给小区管理和治安带来不少麻烦，因为老人们把捡到的垃圾堆放在楼道、电箱、楼梯口等公共空间，造成消防安全隐患，加之他们捡垃圾、抢地盘也容易引发邻里矛盾。

那么如何解决这个问题呢？愿景集团采取了这样几个步骤：第一步，把老人们组织起来，赋予正式的身份——"社区清洁志愿者"，统一发放工作服，把捡垃圾变成正经事。第二步，给志愿者划分片区，实行垃圾、卫生全包干。每位志愿者在负责自己片区垃圾的同时，顺便维护本片区楼前楼后的卫生。第三步，搭建垃圾归置小棚，开展垃圾分类培训。公司专门给志愿者搭了小棚子，老人们捡的垃圾有了归置的区域；同时，对老人进行培训，让他们负责指导居民进行垃圾分类。第四步，发放津贴。公司给志愿者每人每月发放500元津贴。这样，愿景公司不仅解决了老人们捡垃圾的问题，通过把他们转化为公司的外围工作人员，低成本地解决了社区垃圾分类和公共卫生问题。

调动本社区居民参与社区服务工作的积极性，代替专门聘用外部人员进行社区服务，这是愿景集团解决社会管理、降低物业成本的基本思路。用这一思路公司解决了很多物业难题。

又如，愿景集团解决收取停车费问题的新招。我们知道，物业公司的一个重要收入来源是停车费，但停车费并不好收。老旧小区一般没有地下车库，地面停车场也配备不足，车主过去都是乱停乱放，一些非本小区居民也可能在小区停放车辆；现在社区想要规范停车，进行管理，增加了停车费。但在收费时，工作人员很容易和住户起冲突。那怎么办？愿景集团仍然是调用现有资源，把小区里那些刚退休的大爷组织起来，给他们发一个红袖套，专管停车收费，然后，每人每月发点辛苦费。大爷们有事儿做还能赚点零花钱，小区的停车管理和停车费收缴的问题也解决了，皆大欢喜。

再如，愿景集团维护小区树木的高招。一般的小区都是由物业维护树木，但问题是不仅物业成本上升了，而且居民们也不爱护树木，这就增加了维护树木的工作量。那么，愿景集团是怎么做的呢？公司把小区里的一些树换成果树，让居民自己认养，到了秋天，果树结的果子就归认养的人。这样，不仅居民维护树木比物业工作人员更加精心，也减少了物业的开支。

正是通过这些细致的微创新，愿景集团实现了以极低的物业成本提供高满意度的物业服务。当然愿景集团的业务不止于此，以上所列愿景的服务内容，即社区卫生、停车管理、小区绿化及养护等均属于物业基础服务，这些仅是愿景集团实现其他业务的基础或端口。通过这些端口，企业可以触达居民生活的各方面，与客户群体建立亲密关系，进一步参与更广泛的与居住生活消费相关的广大市场。目前愿景集团已经构建了部分产业生态，旗下包括具有甲级资质的九源设计院、主营老楼加装电梯的融盛安泰、主营地暖科技产品的明德倍适、主营装配式装修的贝装科技、主营智能家居制造的蓝索科技等多家企业。这些企业集中指向社区改装和住房装修这一居民最大的痛点。虽然基础物业因费用低廉利润水平有限，但住房改造、装修装饰属于物业的增值服务范畴，可以产生更高的收益。

同时，愿景集团也涉足租赁社区建设与运营。如愿景集团在北京参与了大兴瀛海集体建设用地租赁住房项目，在深圳市元芬村打造了"微棠新青年社区"项目。租赁社区建设不仅是国家"租售并举"政策支持的方向，且随着国内REITs的成熟，未来发展空间也很大。

以小区物业为端口，物业企业可以与更广阔的商业连接起来，如组织社区团购。早在2020年和2021年，一些地产公司旗下的物业公司便已经尝试做生鲜零售和社区团购了，比如恒大物业的团购小程序"恒优选"，碧桂园的"碧优选",保利的"保得利精选",但因之前资本在社区团购过度地跑马圈地和无序竞争,使得之前做得都不尽如人意。物业公司在做好本职服务的前提下,组织社区团购也是有天然优势的:它们更了解社区,它们有仓储能力,它们还能够调度社区内的公共资源,这些优势跟职业团长和社区小店又不太一样。

发展物业板块已成为房地产企业比较明确的转型方向,多家房地产公司已经有所行动,如万科专门成立了物业公司万物云,成为万科集团2022年财务报表中数据最为亮眼的部分。

罗振宇曾这样总结愿景公司的成功:"一家企业不能仅仅从纯粹的商业逻辑里认知自身,它还要把自己的生存放入社会的全局利益中。这才是一家好公司的新样子。"那什么是"把自己的生存放入社会的全局利益中"呢?就是深入社会,发现百姓真正的需求,再结合国家的战略导向,做能够创造社会价值的事情,这样就能达到"政府认同、百姓支持、企业盈利"三方共赢的局面。

2. 营造社区的阿那亚地产[①]

如果说愿景集团是基于现有社区做物业服务,那么阿那亚则是按照自己的理念创造了一个新社区。

阿那亚社区坐落于河北秦皇岛北戴河,是近些年的网红级度假社区,它集旅游和居住服务于一体,不仅是一个旅游景点,还被称为社区服务的行业标杆。实际上,十多年前的阿那亚是一家叫作亿城地产的上市公司旗下的烂尾楼盘,于2013年被阿那亚创始人马寅接手。在接手的前两年,马寅承认

---

① 该案例参考阿那亚创始人马寅在得到APP的主理课程《跟阿那亚学服务客户:向服务要驱动力》,2021年。

还是建立在传统的地产开发思维之上,然而公司项目小、负债高、没品牌,经营惨淡,每年销售额还不够公司偿还债务利息。经过反复探索,阿那亚确定了新的经营思路——从地产向服务转型。原阿那亚运营总经理刘炜在后来的公开采访中谈到,中国房地产的传统模式走的是资产增值逻辑,也就是强调房子的资产属性和升值空间,这本质上跟我国城市高速发展带来的资产增值是一脉相传的,但问题是它忽略了房子的使用属性。而阿那亚把房产定位为消费品,强调房子的使用属性,满足业主的居住需求,把住房的附加服务做到最大化。

按照这套逻辑,阿那亚在服务业主上尽心尽力。公司建立了为每个客户配备专属的管家、提供一对一物业服务机制,解决一些最基础的问题。马寅在他的公开课中提到,他曾亲自参与解决过业主投诉的问题,如客户投诉路灯太亮,晚上睡不好。又如10位业主要演话剧《八个女人》,多出2个人怎么办?再如,热水器里的热水只够一个人洗漱的,怎么办?阿那亚也为业主提供附加服务,比如建社区食堂、成立儿童托管中心、设立管家服务团队等。在解决业主这些细碎的生活问题中,阿那亚与自己的客户群建立信任度,然后在此基础上,开始往人文方向发展。阿那亚不断丰富社区里的生活配套设施,建起了孤独图书馆、海上礼堂、沙丘美术馆、观鸟屋等;每年举办一系列大大小小的文化艺术活动,如戏剧节、音乐节、时装艺术节、海报设计节、槐花艺术季、电影首映、艺术策展等,其中,最为人熟知的是阿那亚戏剧节;公司还在业主中组建不同的兴趣社群,引入更多的独立、原创、有态度的品牌。这些活动又构成了阿那亚的品牌,成为阿那亚业主的身份标签。

阿那亚的居民们热爱那里,不只是因为滨海环境优美,也不只是因为阿那亚提供的周到的社区服务,更是因为阿那亚塑造出来的丰富、融洽、和谐

的社区生活。马寅介绍,阿那亚早期的业主群里的业主彼此几乎都认识,几百户业主经常有事没事凑在一起喝酒聊天,或者一起运动。即便现在客户群体规模已经越来越大,但阿那亚客户对社群的认同感依然很强,这种认同感的表现之一,就是业主主动帮助阿那亚做宣传,阿那亚八成的房子是老业主推荐新业主买的。阿那亚以社区服务和社区活动为媒介,重建邻里关系、重构社区、重塑熟人社会,也将是中国目前"房门相对,邻居老死不相往来"的陌生人社区的转型方向。

阿那亚还发展起了房产托管业务。阿那亚坐落在滨海旅游城市,而业主很多是外地特别是北京的中产收入群体,他们不能常年居住在阿那亚,因此阿那亚又发展起了房产托管业务。阿那亚的5000多套房子里约有40%同时在做民宿——也就是业主在不居住的时间内通过互联网平台进行短期或中短期的出租,这些房产就交与阿那亚的酒店管理公司统一进行管理。

阿那亚的成功为传统房地产公司转型提供了一个可供参考的模板。阿那亚首先在战略上主动选择从房地产开发商转型为社区服务商,选择不赚房地产开发的"快钱",转而赚服务业的"慢钱",这使阿那亚与客户之间从房产买卖的一次性销售关系转变为长期与客户共存的伴生关系。在这种良性互动和慢生长的过程中,阿那亚获得了成功。阿那亚的房产从开始的4000元每平方米涨到了现在的3万多元每平方米,而最被认为是砸钱的文化艺术活动,每年收入也都在以100%的速度增长。

房地产不再是堆积资源——储备土地、大动土木、借入巨款、快速周转,来提高企业竞争力的产业,房地产必然进入"工笔画"的阶段——深入人群,深入社区,去提升更多人的生活品质和尊严,便利和塑造人的生活方式,形成良性社会关系。在这样的社区服务中,企业能获得新的认可,赚取利润。

三、面向未来：高流动性社会的住房共享经济

用数十年的时间尺度来把握房地产发展趋势是一个必要的维度，也就是以未来为标准规范现在发展形态，才能做出符合历史发展趋势的产业设计。在中国房地产业转型发展中，有一种观念认为我国房地产应完全照搬新加坡模式，即发展公共住房，保障 80% 的居民拥有房产，通过高税收打击投机性购房，维持低房价。从实施条件上看，中国土地国有，且有强有力的政府，这与新加坡几乎完全一致。因此，很多人把新加坡模式看作中国房地产的完美解决方案。然而，我国和新加坡存在一个巨大差异，就是新加坡是城市国家，面积仅相当于北京市的 1/20，比北京五环内面积还小。国土面积的巨大差异会导致什么问题呢？就是在新加坡生活，自然地，工作空间与居住空间基本统一，新加坡居民大概不需要考虑通勤时间，也不需要考虑换个工作是不是要置换房产，而我国居民在极大的空间流动时带来的居住问题是新加坡模式完全无法解决的。

若以二三十年为跨度，中国社会和人口的流动性都将越来越强。计划经济时代，在单位制下，城市人口的工作空间和居住空间基本重合，单位提供住宿。20 年前，虽然单位不提供住房，但是工作变动还不那么频繁，除农民工外，跨城市的人口流动极少，人们会在自己工作的城市和工作地附近购置住房。但在今天，工作变动和人口流动日益频繁，年轻人换工作成了家常便饭，为换个心情都可以换座城市生活。同时，数字技术突飞猛进，数字基础设施日渐完善，个人身份数字化，社保医保全国互认，更是从技术和政策上支持了社会的高流动性发展。

在高流动性社会，房产并不是理想的资产形式，它的不动产性质与人越来越自由的趋势相背离。当换座城市生活时，置换房产（看房、买房、贷

款、装修、办理水电气网等）可能会耗费人们一两年的时间；当工作从北京北城换到南城的时候，如果你已经在北城购置住房，那就意味着得每天横跨20千米去上班；当你就近租房将自己的住房空置时，保养和维护都需要额外的金钱和时间支出。房子作为不动产，当人们拥有它之后，便不得不围绕它来安排生活和工作。当人想要自由流动时，房子反而成了禁锢和累赘。

这时共享经济的必要性就出现了。共享经济的基本原则是，使用权和可及性优先于所有权。我们拥有某种商品或服务是为了满足特定的使用需求，当这种商品随手可及时，我们也就没有了拥有它的必要。正如，当我们随处可找到共享单车时，我们也就没有必要再去购买一辆单车了。同时，共享单车比购置单车更加方便，因为共享单车随处可及，而自有单车未必时时都在身边；共享单车不需要我们维护，而自有单车坏了需要修理、不用时需要停放、搬家时需要搬运或置换。共享经济的派生原则是，共享经济首先是存量资源（闲置资源）的共享，而不是增加"增量资源"。真正符合共享经济精神的是，每个人把自己闲置的或使用率不高的图书、工具、单车、轿车、房屋等拿出来与他人共享，这正好符合房地产进入存量市场发展阶段的应用场景。我国住房存量规模很大，住房又能存续几十年，退出市场极慢，因此运用互联网技术和思维，高效用好住房存量，是未来房地产发展的重点。

未来居住问题的解决，合理的方式应该是人们不再热衷于投资住房，而是把社会既有的住房汇总起来——不论是家庭购买的个人住房，还是政府提供的廉租房、人才公寓等，抑或机构持有的出租房产——构成一个住房共享池，有房的家庭向住房共享池增加供给，有居住需求的家庭从共享池中租用住房，按居住时长交付租金给提供共享住房的家庭。共享池由资产管理公司管理资产的进入和退出，监测居住供给和需求的涨落，从大数据中预测各地所需的新增住房数量提供给建筑公司，建筑公司可随时补充住房供给。资产管理公司统一核算租金收入和住房共享池维护成本,将结余资金按照一定规则结算给提供住房的主体(见图5-1)。

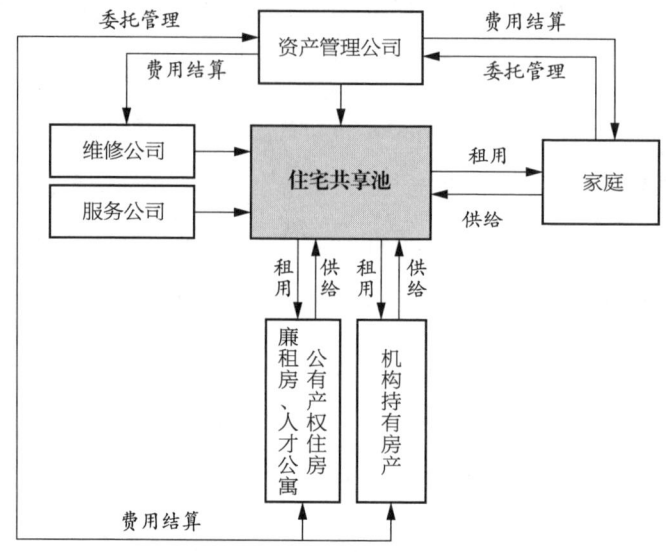

图5-1 房地产共享经济示意图

于是,住房共享池成了全社会解决居住供需的平台,资产管理公司负责具体维护和运营,家庭或个人从住房共享池里租住自己想要的住房以满足各个人生阶段的居住需求,而不用负责住房的维护。

按照住房共享经济的远景形态,要求逐渐实现以下条件:

(一)实现租售同权

共享经济运行的基础是变买为租,这就要求租售同权,租房与买房享受相同的福利待遇。而我国租赁市场目前存在很多租房歧视,主要体现在以下几个方面:

首先,在多数场合租赁者是弱势群体,没有谈判的能力。房东或中介决定租金,甚至可以随心所欲地上调租金,而租户要么接受很高的价格,要么搬离重新寻找住房。显然，在另找住房的情况下，租户的时间成本比房东或中介公司更高，这就造成了大多数租户忍气吞声接受高租金的情况。

其次，租户居住条件难以得到保障。出租屋的装修和家具家电没有统一标准，因此，租房往往也就意味着忍受劣质装修和破旧的二手家电，生活体验感较低。

再次，虽然法律规定房屋买卖不破租赁，但现实情况是，租赁的居住权得不到充分保护，租客随时面临搬家的风险。

最后，公权部门也没有把租户与业主权利等同对待。目前，户籍、学区、社区医疗等都是服务业主，租户享受不到这些福利。

正是因为租售不同权，老百姓就只能稍有条件就买产权房，租房只是没有办法的办法。租售同权就是把居住需求同持有房产解绑，租房就能满足居住需求，享受到所有居住的附加服务。真正实现租售同权后，家庭或个人可能会逐渐退出购房市场，正如现在购买单车的个人消费者在急剧减少一样，这就要求逐渐扩大租房市场。

（二）扩大租房市场

共享经济要求资源的可及性，租房时可以按照需求随租随有，这就要求扩大租房市场。我国住房自有率高，租房比例只有20%。比较而言，德国超过55%的人口租房住，柏林、慕尼黑等大城市租房比例甚至高达80%，而且租房市场规范，租户权利受到充分保护，因此德国人没有买房的迫切性，年轻人的购房比例很低，他们可以把收入用在别处。同时，我国租房市场也不够规范，价格和服务水平存在极大的偶然性。只有规范租房市场才能扩大市场规模，按照面积、楼层、装修、卫生、服务等制定分级标准和相应的租金标准，规范租赁双方的权利范围。发展住房租赁市场应成为也正在成为房地产发展的重要方向。

租赁住房的供给主要由四个部分构成：一是公租房。近些年大城市增加了公租房的配置，满足新市民、年轻人、农民工等低收入群体和引进型人才的住房需求，针对不同的细分人群，有廉租房、人才公寓、公租房等。二是房地产公司持有的租赁住房。近两年各地政府在招标、拍卖土地时，把开发商坚持长期持有商业性租赁房的比例作为参加竞标的要求之一。未来房地产公司持有租赁住房或酒店式公寓的比例将有所上升。三是个人出租的自有住房。我国住房自有率较高，不少居民投资多套房产，因此个人租赁住房供给目前在市场上占比很高。四是房产托管类机构，它们从大业主（通常为开发商）和小业主（房东）手中趸租空置住房用于出租，它们一般不持有、不拥有物业，主要为大业主（通常为开发商或公寓机构）以及小业主（房东）输出管理，提供租前、租中、租后的一系列服务，从租客筛选、租金收取到房屋维修等。

以上四个部分中，公租房是商业性租赁住房的补充，主要面向低收入群体提供保障性住房。公租房供给需要严格审核申请资格，既要保证真正的低收入群体租到公租房，又得防范非低收入群体违规占用资源，再进行转租赚取差价的行为。房地产公司持有的租赁住房因为是在竞拍土地时碍于政府要求而非自愿持有的，因此普遍存在建筑质量低，户型结构不合理，公共设施配套欠缺，与同一社区的销售住房相比在绿化、管理上区别对待等问题，政策上应予以纠正。个人自有住房出租市场存在很大不确定性，租金和服务协议取决于房东和租户间的博弈，有时房东会遇到不及时交租金、不爱惜住房的租户；有时租户又遭房东克扣押金、随意涨房租，总体有失规范。基于此，政府要推进标准租房合同的使用，根据面积、楼层、装修、交通、社区等不同条件确立住房等级和房租分级制度，建立租房市场的老赖、黑名单制度，逐步规范租房市场。对第四类专业住房租赁服务机构，应出台政策加大扶持和引导，使之从目前"垄断房源，抬高租金，赚取差价"的盈利模式向"提供标准租房服务、长期资产代管、服务租客安居生活"方向转型，成长为住房信托和租赁服务公司。

从未来发展趋势看，随着租售同权的落实，住房所有权观念逐渐淡化，个人房产增量将逐渐减少。未来房产税一旦普遍实施，房产保有成本上升，个人持有多套房产的意愿可预见地将大幅下降。房地产公司持有的租赁性房产将持续增长，但长期看可能会稳定在一个不高的比例，因为房地产公司转型的重要动向是从重资产转向轻资产，它们未来并不倾向持有大量房产。从国际经验看，融持有和运营为一体的机构，在美国住房租赁市场的渗透率约为8%，在日本为17%；而专业的房产托管类机构在美国租赁市场的渗透率为22%，在日本为65%。

公有租赁住房和资产托管类机构将成为未来主要的发展方向。前者将成为国家住房政策支持的重点，后者在房地产市场上已经成为创新创业的重要动向。根据住建部规划，"十四五"期间，我国40个重点城市将建设筹集650万套（间）保障性租赁住房，解决近2000万新市民、青年人的住房困难。在房地产"三道红线"政策出台、房地产行业陷入寒冬之际，央行2022年1月发布《关于保障性租赁住房有关贷款不纳入房地产贷款集中度管理的通知》（银发〔2022〕30号），鼓励银行业金融机构加大对保障性租赁住房发展的支持力度，为保障性租赁住房建设提供了更多的资金支持，并强调保障性租赁住房贷款不计入房地产贷款集中度的统计口径。

专业房产信托和资产管理公司也在崛起。2022年10月，建设银行设立住房租赁基金，由其子公司建信住房服务有限责任公司管理，通过投资房企存量资产，改造为租赁住房，增加市场化长租房和保障性租赁住房供给，探索租购并举的房地产发展新模式。据建设银行2022年半年报，截至6月末，住房租赁综合服务平台覆盖全国96%的地级及以上行政区，已核验房屋1025万套，合同备案788万笔，为1.5万家企业、4034万名个人房东和租客提供阳光透明的交易平台，长租社区已开业运营200个[①]。而市场上，布局租赁市场较早的链家集团，其旗下自如平台已针对细分领域发展起自如友家、自如寓、自如驿、自如民宿等多个专业平台。

（三）推进混合所有制改革

在这一轮的房地产公司风险出清的过程中，地方政府和国有资本将发挥主导作用，在社会面讨论中，经常将之简单总结为"国进民退"，似乎国有资本会挤压民营企业的生存空间。但是这一观点并不正确。

第一，国有资本与民营企业不存在冲突。中共中央自始至终都在强调，我国发展高水平社会主义市场经济要坚持"两个毫不动摇"，"毫不动摇巩固和发展公有制经济，毫不动摇鼓励、支持、引导非公有制经济发展"，国有资本和民营企业实际上并不存在冲突。

第二，从民生和稳定角度看，地方政府在规避房地产风险中责无旁贷。在本轮房地产业资产重组中，地方政府和国有资本主导这一过程是不可避免的，因为房地产面临的"三保"（保交楼、保民生、保稳定）是从民生和稳定的意义上看待房地产风险，这对地方政府而言责无旁贷。地方政府在摸底、出政策、协调资源、安抚业主、督促"保交楼"的过程中必然是重要的责任主体。

第三，房地产领域的公有制企业在行业内口碑向来不错。中央企业例如

---

① 《中国建设银行公布2022上半年经营业绩》，《新浪财经》，http://finance.sina.com.cn/money/bank/gsdt/2022-08-30/doc-imiziraw0392113.shtml。

我们熟知的"四巨头"（保利、中海、华润、招商）、"两铁两城"（中国铁建、中国中铁，大悦城、华侨城），还有大量的地方国资企业（特别是一线城市北京、上海、深圳的地方国企，如北京城建，上海建工、绿地等）都是上市公司，有社会资本的介入，遵循市场规则和商业逻辑，是在市场经历了和非公有制企业长期竞争后浮现出来的优质企业。在"三道红线"制定后央行对房地产企业的排查中，我们看到，公有制房地产企业相比较而言更遵守金融纪律，普遍负债水平在安全范围，而民营企业高杠杆、高负债，部分还存在会计、审计弄虚作假的现象。在保交楼的过程中，出现了国资企业接手部分停工项目的情况，在新增土地供应中，国资房企也拿到了更多土地。这是市场发展的自然结果。

第四，从长远角度看，房地产日益转型为民生类行业。与以成长为目的竞争性产业不同，民生行业以安全、稳定、普惠为首要原则，具有多重监管的公有制企业显然更适合经营这类产业。国有企业对程序合规性的要求更为严格，除了法律法规和行业监管外，国有企业还受国资体系、地方政府体系、审计体系、干部考察、定期巡视制度等的监管。更重要的是，国有企业的党组织能增加企业对国家战略与政策的理解，使之更符合国家战略安排。这是非公有制企业所不具有的约束。在竞争性行业中，国有企业往往因为多重监管显得行动保守，但在安全第一的民生行业，国有企业比非公有制企业具有更多优势。面对已经形成的房地产民营企业半边天现状，可以通过混合所有制改革，即通过债转股等方式，实现国资和民资融合发展，进而将国资的保守性和民资的创新性结合起来，这有利于塑造更健康的房地产行业生态。

第五，在房地产发展新模式中，国有企业和民营企业将根据各自优势形成新的分工。国有企业具有融资优势，商业银行倾向于给有政府背景的企业贷款，因此国有企业可以侧重不动产的投资和持有（"重资产"领域），而民营企业具有市场灵活性，更适合做下沉市场，贴近消费者提供个性化服务，并快速反馈，这也正是房地产新发展模式展现的广阔空间。正在兴起的住房物业、社区服务、资产管理、社区商业、地产科技等领域，将是民营企业大显身手之处。最终房地产可能成为铁路运营模式，底层重资产归国有企业，而铁路运营、技术支持、相关配套、站点服务、面向乘客的餐饮、内饰、娱乐等由民营企业担纲。当然这不会是泾渭分明的分工，而是在资本层面或在中间地带存在相互渗透和相互合作的共生关系。

（四）REITs 成为家庭资产投资新渠道

以共享经济原则重组房地产满足了高流动社会人们的居住需求，但房地产同时充当着家庭财富的重要载体。若未来人们都去租房，那么家庭财富将以何种形式积累？如前文所述，以基础设施、房地产等不动产为底层资产的 REITs 可成为新的家庭财富积累形式，原因有三：一是对国家而言，城镇基础设施包括公租房是国家最基础最底层的资产，本该归其人民所有。二是城镇基础设施大部分有稳定的经营性收入，公租房的租金是稳定的现金流，因此以其为底层资产的 REITs 可以实现稳定的收益率，对家庭而言是比较理想的低风险投资产品。三是 REITs 比房地产有更高的流动性，价值可切割，更适合家庭投资。

随着人口数量的减少和人口老龄化发展，空置房增加，部分个人住房也将进入住房共享池，这时在一些城镇也可以探索以合作化方式发展区域内租房市场。20 世纪 50 年代我国以土地入股发展农业合作社的历史提供了可参考的方案，个人以房入股，按照股份从住房共享池中获取相应收益。这样业主自有房产依然保持了资产属性，同时在股份可转让的前提下也具有了高流动性。

公租房将是 REITs 发展的重要领域。2021 年监管方面将保障性租赁住房纳入公募 REITs 试点，2022 年 8 月首批 3 只保障性租赁住房 REITs——北京保障房 REITs、深圳安居 REITs 和厦门安居 REITs 在沪深证券交易所同步上市交易，为家庭资产积累提供了更多的去处。也正因为未来千万家庭的财富凝结在公募 REITs 中，那么就必须在政策安排上提前设限以保障它的安全性。首先，在性质上把 REITs 和一般的金融产品区分开来，合理定价并设置较窄的价格浮动。其次，禁止以 REITs 为底层资产再做金融产品创新，把 REITs 和金融市场进行一定程度的隔离，谨防出现类似 MBS 的资产证券。

案例：雄安新区房地产模式

雄安新区自 2017 年 4 月 1 日设立以来，其房地产运作模式一直颇受关注，因为雄安房地产从国家战略的角度，有为各地抑制房价地价上涨、进行房地产制度改革探路的考虑。对此，习近平总书记强调，雄安新区千万不能搞成工业聚集区，更不是传统工业和房地产主导的集聚区，要在创新上下功夫，成为改革先行区。

雄安新区在筹建期就为防止炒房做了未雨绸缪的规定。从 2016 年 6 月开始，雄安新区逐步实现规划、土地、户籍、不动产交易和项目建设等领域的"五冻结"。经过近 6 年发展，雄安房地产模式雏形已现：

主体以租为主，租购并举，完善"租售同权"制度设计；

对住房租赁的交易、备案等行为进行规范和引导；

支持专业化、机构化住房租赁企业发展；

个人产权住房也以共有产权房为主；

控制价格，建立住房成本法定价机制，按照"成本+税费+合理利润"方式测算价格，引导住房价格保持在合理区间；

实行住房限售政策，商品住房自取得产权证书满5年后方可上市交易，共有产权住房自购房之日起满5年后可取得全部产权，再满5年后可上市交易；

创新投融资机制，吸引各类社会主体参与雄安新区住房开发建设，发行房地产投资信托基金（REITs）等房地产金融创新产品。

截至2023年2月，雄安新区已完成土地出让市场化项目13个，共计456万平方米，已开工4万余套，部分已基本竣工。其中，商品住房184万平方米，共有产权住房40万平方米，机构租赁住房154万平方米，保障性租赁住房78万平方米，可满足约13万人居住。从以上项目统计中可见，雄安新区确实以租赁住房为主，机构租赁住房和保障性租赁住房超过总住房供应的一半（见表5-4）。

表5-4 雄安新区完成出让土地市场化项目类型

类型	面积（万平方米）	占比（%）
商品住房	184	40.4
机构租赁住房	154	33.8
保障性租赁住房	78	17.1
共有产权住房	40	8.8

数据来源：智谷趋势。

总体而言，雄安新区房地产的发展方向是明确的，以租为主以买为辅，围绕租赁市场设计相关制度。但是目前仍处在创造必备要素的初始阶段，未来待各项政策落地，各项机制完善，相互之间会形成更为完备的运行模式。

雄安房地产模式是未来中国房地产模式的雏形，这里承载着中国房地产的未来。然而，未来房地产实际上会是什么样，取决于我们对未来生活的想象。毕竟住房是服务生活的，只要未来我们生活更加自由，那么房地产就必然不会是一个厚重的龟壳，而会成为鸟儿们翱翔天空随处可以歇脚的树林。

参考文献

[1] 巴曙松:《房地产大周期的金融视角》,厦门大学出版社,2012年版。

[2] 高波:《中国房地产周期波动与宏观调控》,商务印书馆,2012年版。

[3] 任泽平:《房地产周期》,人民出版社,2017年版。

[4] 任泽平:《全球房地产》,中信出版社,2020年版。

[5] 盛松成等:《房地产与中国经济》,中信出版社,2021年版。

[6] 时谦:《如何看懂中国房地产》,东南大学出版社,2018年版。

[7] 王德培:《中国经济2022:城市深化与产业重组》,上海远东出版社,2022年版。

[8] 薛义华等:《新加坡房地产市场的变革与创新》,中信出版社,2019年版。

[9] 徐远:《城里的房子:读懂中国房产财富的逻辑》,中信出版社,2018年版。

[10] 徐远:《房价的逻辑》,中信出版社,2021年版。

[11] 姚育宾:《中国地产四十年(1978—2018)》,经济管理出版社,2018年版。

[12] 赵雪凌:《中国房地产市场发展》,经济管理出版社,2019年版。

[13] 邹琳华：《中国房地产市场：发展历程与未来展望》，广东经济出版社，2019年版。

[14] 韩继东：《香港公屋政策与财政运营——兼谈对当前房地产市场的借鉴意义》，《财政研究》，2021年第6期。

[15] 奇彦、王世威：《浅析我国内地和香港地区房地产政府调控差异》，《时代金融》，2012年第3期。

[16] 谭禹：《二元化住房制度：日本、新加坡、中国香港的实践模式与启示》，《甘肃社会科学》，2010年第3期。

[17] 韩昱：《香港特区政府治理房地产泡沫经验及其启示》，《价格理论与实践》，2017年第9期。

[18] 田正、杨凌：《人口老龄化背景下日本应对空置房问题的措施与借鉴》，《经济研究导刊》，2019年第18期。